Liebe Leserin, lieber Leser,

Herzlich willkommen, zu "Stürme meistern: Proaktive Strategien zur Stressbewältigung". In den Seiten dieses Buches wirst du eine transformative Reise antreten, die dich mit Wissen und Werkzeugen ausstattet, um Stress mutig anzugehen und ein ruhigeres, ausgeglicheneres Leben zu führen.

Stress ist ein unvermeidlicher Teil der menschlichen Erfahrung, und wir alle stehen Stürmen in unserem Leben gegenüber, die sich manchmal überwältigend anfühlen können. Doch fürchte dich nicht, denn in diesen Kapiteln wirst du die Geschichten tapferer Menschen finden, die ihre eigenen Stürme durchschritten haben und gestärkt, weiser und widerstandsfähiger daraus hervorgegangen sind.

Vom Verständnis der Natur von Stress und seinen Auswirkungen auf unseren Geist und Körper bis hin zur Erkundung einer Vielzahl von Techniken zur Stressbewältigung wirst du eine Schatzkiste voller Erkenntnisse und handlungsfähiger Strategien entdecken. Jedes Kapitel wird von wirkungsvollen Geschichten begleitet, die dich verstanden und unterstützt fühlen lassen und dich daran erinnern, dass du in deiner Reise nicht allein bist.

Bereite dich darauf vor, Selbstfürsorge-Praktiken, Achtsamkeitstechniken, körperliche Aktivitäten und eine nahrhafte Ernährung in dein Stressmanagement-Toolkit aufzunehmen. Unterwegs wirst du die Bedeutung der Suche nach Unterstützung und das Erstellen deines individuellen Stressmanagement-Plans kennenlernen.

Wenn du die letzte Seite dieses Buches umblätterst, wirst du am Steuer deines Schiffes stehen und bereit sein, die Gewässer des Stresses mit Zuversicht und Anmut zu navigieren. Deine Zukunft wird von weniger Stress, größerer Widerstandsfähigkeit und einem neuen Gefühl der Ruhe geprägt sein. Lass diese Reise ein Leuchtturm auf deiner Suche sein, die Ruhe nach dem Sturm zu umarmen.

Mit herzlicher Wärme und Ermutigung,

David Harold

In den Wirbelsturm navigieren: Proaktive Strategien zur Stressbewältigung

Kapitel 1: Das Ungeheuer verstehen - Die Natur des Stresses

1.1 Johns erste Begegnung mit chronischem Stress

Es war einmal in der geschäftigen Stadt San Francisco ein talentierter Software-Ingenieur namens John. John war ein fleißiger, ehrgeiziger Mann mit leuchtenden Augen, ansteckendem Lächeln und einer tiefen Liebe zur Programmierung. Tag für Tag war er in seiner Welt der Algorithmen und Problemlösungen vertieft und genoss jeden Moment seines Tech-Lebens.

Jedoch brachte der fantastische Traum des Silicon Valley einen unerwünschten Gast mit sich, verhüllt in den Gewändern von Leidenschaft und Hingabe - Stress. Zuerst bemerkte John kaum die subtilen Anzeichen. Die gelegentlichen Kopfschmerzen, unerwartete Stimmungsschwankungen und eine wachsende Faszination für Kaffee, der sich von einem entzückenden Morgenritual zu einer obligatorischen Notwendigkeit entwickelte. Er wischte sie alle als bloße Unannehmlichkeiten eines ansonsten aufregenden beruflichen Lebens ab.

Eines Tages, während eines besonders anspruchsvollen Projekts, kämpfte John damit, sich zu konzentrieren. Das Codieren, einst seine Lieblingsbeschäftigung, schien ihm nun wie eine mühsame Aufgabe. Sein Appetit ließ nach, und oft lag er nachts wach, sein Kopf voller Fehler, Codes und Fristen. Das Wort 'entspannen' schien aus seinem Vokabular verschwunden zu sein. Trotz seines offensichtlichen Unbehagens machte er weiter, angetrieben von einer Mischung aus beruflichem Eifer und der Angst, in der wettbewerbsintensiven Welt zurückzufallen.

Sein Wendepunkt kam während eines Familientreffens am Wochenende. Seine junge Nichte, eine begeisterte Bewunderin ihres fleißigen Onkels, hatte gerade einen Schul-Coding-Wettbewerb gewonnen. Sie war begierig, ihren Erfolg mit John zu teilen. Doch als sie aufgeregt über ihre Leistung sprach, merkte John, wie sein Geist wieder zur Arbeit driftete, zu einem ungelösten Fehler in seinem Code. In diesem Moment erkannte er, dass er nicht mehr sein Leben lebte; er existierte nur noch.

John beschloss, Hilfe zu suchen. Seine Reise führte ihn zu einem Stressmanagement-Berater, der ihn dem Ungeheuer namens Chronischer Stress vorstellte. Sie erklärte, wie Stress eine natürliche Reaktion auf herausfordernde Situationen ist, aber wenn es zu einem ständigen, lauernden Monster wird, beginnt es, die Gesundheit, das Glück und die allgemeine Lebensqualität zu beeinträchtigen.

Eine kalte Erkenntnis durchdrang John. Er kämpfte gegen ein Ungeheuer, eine Folge seines unkontrollierten Stresses. Die ganze Zeit hatte er dieses monströse Wesen als einen Verbündeten seiner Leidenschaft missverstanden, ohne sich der langfristigen Auswirkungen auf seine Gesundheit und Beziehungen bewusst zu sein.

Johns Geschichte ist eine Warnung für uns alle. Sie betont das wichtige Verständnis, Stress zu erkennen, bevor er sich in ein chronisches Ungeheuer verwandelt, das langsam unser Glück zernagt. Denken wir daran, dass der erste Schritt zur Bewältigung von Stress darin besteht, seine Existenz anzuerkennen, seine Natur zu verstehen und Maßnahmen zu ergreifen, bevor er uns verschlingt. Wie man so sagt: Es ist nicht die Last, die dich niederdrückt, sondern wie du sie trägst. Lassen Sie uns aus Johns erster Begegnung lernen und versuchen, unsere Lasten etwas leichter und klüger zu tragen.

1.2 Die biologische Reaktion auf Stress

Auf unserer Reise, um Stress zu verstehen, ist es wesentlich, in die Wissenschaft dahinter einzutauchen. Lassen Sie uns die biologische Reaktion auf Stress entfalten und Verbindungen zu Johns Erfahrungen herstellen, mit denen sich die meisten von uns irgendwann in unserem Leben identifizieren können.

Biologisch gesehen ist Stress die natürliche Reaktion unseres Körpers auf wahrgenommene Bedrohungen oder Herausforderungen, ein Überlebensmechanismus, der auf unsere Vorfahren zurückgeht. Wenn wir eine Bedrohung wahrnehmen, reagiert unser Körper, indem er Hormone wie Adrenalin und Cortisol freisetzt. Dies wird oft als "Kampf oder Flucht"-Reaktion bezeichnet.

Für John war seine "Bedrohung" kein raubtierartiges Tier, wie es für unsere Vorfahren gewesen sein könnte. Stattdessen waren es eine kontinuierliche Flut von Fristen, hohe Erwartungen und die Angst vor Misserfolg. Der unerbittliche Druck versetzte seinen Körper in einen ständigen Zustand der Wachsamkeit und störte das empfindliche Gleichgewicht seiner biologischen Systeme.

Adrenalin ist bekannt für seine sofortige und kurzlebige Reaktion. Es erhöht die Herzfrequenz, den Blutdruck und die Energiereserven. Johns zunehmende Abhängigkeit von Kaffee und seine darauffolgende Schlaflosigkeit könnten mit einem Übermaß an Adrenalin in Verbindung gebracht werden.

Dann kommt Cortisol, das primäre Stresshormon des Körpers. Es dämpft nicht dringende körperliche Funktionen, beeinflusst die Immunreaktion und unterdrückt das Verdauungssystem, das Fortpflanzungssystem und Wachstumsprozesse. Es kommuniziert auch mit den Hirnregionen, die die Stimmung, Motivation und Angst kontrollieren. Über längere Zeit kann ein Überschuss an Cortisol, wie im Fall von John, zu schwerwiegenden Gesundheitsproblemen führen, einschließlich Angstzuständen, Depressionen, Kopfschmerzen, Herzerkrankungen, Gedächtnis- und Konzentrationsstörungen sowie Schlafproblemen.

Erinnern Sie sich an Johns Appetitlosigkeit, seine Schlaflosigkeit und seine zunehmende Unfähigkeit, sich auf das Codieren zu konzentrieren? Dies waren wahrscheinlich Anzeichen dafür, dass sein Körper eine Überlastung von Stresshormonen erlebte.

Was jedoch faszinierend ist, ist, dass unser Körper auch ein eingebautes Stressbewältigungssystem besitzt - das parasympathische Nervensystem -, das unseren Körper wieder ins Gleichgewicht bringt, sobald die Bedrohung vorüber ist. Es handelt sich um die "Ruhe- und Verdauungsfunktion" unseres Körpers, die die Herzfrequenz verlangsamt, den Blutdruck senkt und Entspannung fördert.

Bei chronischem Stress, wie bei John, hemmt die kontinuierliche Aktivierung der Stressreaktion das parasympathische System daran, seine Aufgabe zu erfüllen. Der Körper bleibt in einem Zustand der Übererregung, was zu Abnutzung der körperlichen Systeme führt und langfristig zu einer Vielzahl von Gesundheitsproblemen führen kann.

Indem wir die biologische Reaktion auf Stress verstehen, können wir seine Anzeichen und Symptome besser erkennen und wie John notwendige Maßnahmen ergreifen, um ihm entgegenzuwirken. Denn während Stress in kleinen Dosen uns motivieren und unsere Leistung steigern kann, kann chronischer Stress, wenn er unbeachtet bleibt, auf unsere körperlichen, emotionalen und psychischen Wohlbefinden verheerende Auswirkungen haben.

1.3 Die psychologischen Auswirkungen von Stress

Wie wir in Kapitel 1.2 herausgefunden haben, ist die biologische Reaktion des Körpers auf Stress ein komplexer und wesentlicher Überlebensmechanismus. Doch Stress beschränkt sich nicht nur auf die Auswirkungen auf unseren Körper. Sein Einfluss erstreckt sich auch in den Bereich unserer Gedanken, Gefühle und Verhaltensweisen - also auf unsere Psychologie.

Stress, insbesondere wenn er chronisch ist, kann sich stark auf unser psychisches Wohlbefinden auswirken. Dies kann sich auf verschiedene Weisen äußern, wie zum Beispiel Veränderungen in der Stimmung, Kognition und im Verhalten. Lassen Sie uns diese genauer erkunden.

Erstens kann Stress unsere Stimmung erheblich beeinflussen. Viele von uns können sich daran erinnern, gereizt oder "angespannt" zu fühlen, wenn wir unter erheblichem Stress stehen, ähnlich wie John während seines anspruchsvollen Projekts. Darüber hinaus kann chronischer Stress zu ernsteren Stimmungsstörungen führen, einschließlich Angstzuständen und Depressionen. Für John war seine ständige Sorge um die Arbeit, selbst während Familientreffen, ein Anzeichen von Angstzuständen, einer häufigen psychologischen Auswirkung von unbehandeltem Stress.

Veränderungen in der Kognition sind ein weiterer bedeutender Einfluss von Stress. Stress kann zu Schwierigkeiten bei der Konzentration und dem Gedächtnis führen, mit denen John begann zu kämpfen. Es ist nicht ungewöhnlich, dass man in stressigen Situationen vergesslich oder zerstreut ist. Chronischer Stress kann auch zu schwerwiegenderen kognitiven Problemen führen, wie Schwierigkeiten bei Entscheidungsfindung und kritischem Denken.

Schließlich kann Stress zu Veränderungen im Verhalten führen. Dies kann sich so subtil äußern wie Veränderungen in den Schlafgewohnheiten, Essgewohnheiten oder sozialen Interaktionen oder auch so gravierend wie Substanzmissbrauch oder riskantes Verhalten. Johns wachsende Abhängigkeit von Kaffee und sein schwindender Appetit waren anfängliche Anzeichen von durch Stress verursachten Verhaltensänderungen.

Es ist wichtig zu erkennen, dass diese psychologischen Auswirkungen von Stress miteinander verbunden sind und sich oft gegenseitig verstärken. Zum Beispiel kann das Gefühl von Angst (Stimmung) Schwierigkeiten bei der Konzentration (Kognition) verursachen, was dann zu einem erhöhten Konsum von Kaffee (Verhalten) führt. Wie in Johns Geschichte zu sehen ist, können die verschiedenen Auswirkungen von Stress einen sich selbst verstärkenden Zyklus erzeugen, der ohne Eingreifen schwer zu durchbrechen ist.

Das Verständnis dieser psychologischen Auswirkungen von Stress ermöglicht es uns, proaktive Schritte zur effektiven Bewältigung zu unternehmen. Es geht nicht darum, Stress vollständig zu eliminieren - wie wir gelernt haben, ist Stress eine natürliche Reaktion auf Herausforderungen. Es geht darum, ihn zu kontrollieren, damit er uns nicht kontrolliert.

Während wir in das nächste Kapitel "Im Auge des Sturms - Die Auswirkungen von Stress auf das Leben" übergehen, werden wir erkunden, wie sich dieses facettenreiche Ungeheuer namens Stress in verschiedenen Aspekten unseres Lebens ausbreitet und möglicherweise das Gleichgewicht stört. Das Verständnis der biologischen und psychologischen Auswirkungen von Stress wird uns dabei helfen, seine breiteren Auswirkungen zu erkennen.

Kapitel 2: Im Auge des Sturms -
Die Auswirkungen von Stress auf das Leben

2.1 Marias Kampf um die Work-Life-Balance

Maria, eine erfahrene Führungskraft in einer führenden New Yorker Werbeagentur, war stets stolz auf ihre Arbeitsmoral. Eine makellose Strategin und eine inspirierende Führungspersönlichkeit, war Maria das Leuchtfeuer ihres Teams und navigierte scheinbar mühelos durch die tückischen Gewässer der Unternehmenswelt.

Doch wie bei John, dem ehrgeizigen Software-Ingenieur, den wir im vorherigen Kapitel kennengelernt haben, hatte auch Maria einen unerwünschten Begleiter auf ihrer Reise - Stress. Ihre langen Arbeitsstunden im Büro, kombiniert mit einer endlosen Anzahl von Entscheidungen, die getroffen und Krisen, die abgewendet werden mussten, führten dazu, dass ihr persönliches Leben in den Hintergrund trat.

Marias Routine wurde zu einem monotonen Kreislauf aus Arbeit, Schlaf und wieder Arbeit. Die Mahlzeiten, die sie einst mit ihrer Familie teilte und genoss, wurden hektisch und einsam. Sie verpasste ihre Yoga-Sitzungen, die Klavierrezitals ihrer Tochter und die kleinen Freuden ihres einst ausgewogenen Lebens. Ihr Geist war immer woanders, besessen von irgendeinem Projekt oder einer Deadline.

Trotz ihres makellosen beruflichen Erfolgs fühlte sich Maria unglücklich und unzufrieden. Sie sehnte sich nach den Freuden ihres früheren Lebens - dem Sonntagmorgen-Yoga, den Gesprächen nach dem Abendessen mit ihrem Ehemann, dem Helfen ihrer Tochter bei Schulprojekten und der Ruhe eines guten Schlafs.

Eines Tages kam sie spät von der Arbeit nach Hause und fand ihre Tochter auf dem Sofa schlafend vor, eine halbfertige Zeichnung auf ihrem Schoß, offensichtlich wartend auf Marias Rückkehr. Die Zeichnung war ein Familienporträt - Maria, ihr Ehemann und ihre Tochter, alle glücklich lächelnd. Doch der herzzerreißende Teil war die Notiz, die ihre Tochter auf die Zeichnung geschrieben hatte: "Ich wünschte, wir könnten jeden Tag so sein."

Die Notiz war ein Weckruf für Maria. Die Auswirkungen des Stresses, den ihre Arbeit verursachte, waren weitreichend. Es betraf nicht nur sie selbst, sondern auch ihre geliebten Menschen. Sie war zu einer Fremden in ihrem eigenen Leben geworden, von den Dingen entfremdet, die ihr Freude und Frieden brachten.

Marias Geschichte verdeutlicht auf eindrucksvolle Weise, wie chronischer Stress in unser Leben eindringen kann und nicht nur unser persönliches Wohlbefinden beeinflusst, sondern auch die Beziehungen, die uns Freude und Erfüllung bringen. Sie spiegelt dieselbe Lektion wider, die wir aus Johns Geschichte gelernt haben: Unkontrollierter und unverwalteter Stress kann zu einer allgegenwärtigen Kraft werden und unser Leben in Weisen umgestalten, die wir oft erst bemerken, wenn es zu spät ist.

Während wir in das nächste Kapitel "Im Auge des Sturms - Die Auswirkungen von Stress auf das Leben" eintauchen, wollen wir Marias Geschichte im Hinterkopf behalten und uns daran erinnern, wie wichtig es ist, ein Gleichgewicht zu wahren und wie unkontrollierter Stress das Gleichgewicht stören kann. Wir werden tiefer in die verschiedenen Facetten des Lebens eintauchen, die vom Stress beeinflusst werden, und lernen, wie wir verhindern können, dass er die Kontrolle übernimmt.

2.2 Stress und psychische Gesundheit

Stress ist ein unvermeidlicher Teil unseres Lebens, und in moderaten Dosen kann er als kraftvoller Ansporn dienen, der uns vorantreibt. Wenn Stress jedoch chronisch wird, wie im Fall von Maria, kann er erhebliche Auswirkungen auf unsere psychische Gesundheit haben und einen dunklen Schatten über unser Leben werfen.

Psychische Gesundheit, eine entscheidende Komponente unseres allgemeinen Wohlbefindens, ist oft der erste Bereich, der beeinträchtigt wird, wenn chronischer Stress Einfluss nimmt. Die unerbittlichen Belastungen und Ängste können zu einer emotionalen Erschöpfung führen und verschiedene psychische Probleme verursachen, die von leichter Angst bis hin zu schwerer Depression reichen können.

Maria, in unserer vorherigen Geschichte, bietet hierfür ein bewegendes Beispiel. Mit zunehmenden beruflichen Anforderungen stiegen auch ihre Stresspegel, was letztendlich zu Gefühlen von Unzufriedenheit und Unzufriedenheit führte. Trotz ihrer beruflichen Erfolge erlebte Maria einen Rückgang ihrer psychischen Gesundheit, was sich durch ihre anhaltenden Sorgen, mangelnde Freude an früher geschätzten Aktivitäten und Gefühle der Unzufriedenheit zeigte.

Eine häufige psychische Erkrankung, die mit chronischem Stress in Verbindung gebracht wird, ist Angst. Diese äußert sich in übermäßigem Grübeln, Unruhe und Konzentrationsschwierigkeiten, die auch bei Maria zu sehen waren. Es ist das ständige, ununterbrochene Gefühl, "angespannt" zu sein, selbst wenn der Stressfaktor nicht mehr präsent ist.

Stress kann auch zu Depressionen führen, einer ernsten Erkrankung, die durch anhaltende Traurigkeit, Verlust des Interesses an Aktivitäten und Schwierigkeiten bei alltäglichen Aufgaben gekennzeichnet ist. Langfristig kann unbehandelter Stress in diese Zustände übergehen. Obwohl Marias Geschichte diesen Zustand nicht näher behandelt, sind ihre anhaltende Unzufriedenheit und Unzufriedenheit Frühwarnzeichen, die nicht übersehen werden sollten.

Darüber hinaus kann chronischer Stress zu komplexeren psychischen Problemen wie posttraumatischer Belastungsstörung (PTBS), Zwangsstörung (OCD) und verschiedenen Phobien beitragen. Alle diese Zustände beinhalten eine erhöhte Stressreaktion und können das Leben eines Individuums erheblich beeinträchtigen.

Die Verbindung zwischen Stress und psychischer Gesundheit ist bedeutsam, wird aber oft übersehen. Wie wir aus Marias Erfahrung sehen, ist es entscheidend, die Anzeichen von chronischem Stress zu erkennen und anzugehen, bevor er zu schwerwiegenderen psychischen Problemen führt. Es ist auch wichtig zu bedenken, dass das Suchen nach Hilfe bei Stress und psychischen Gesundheitsproblemen kein Zeichen von Schwäche ist, sondern vielmehr ein Akt der Stärke.

So wie wir uns um eine körperliche Wunde kümmern würden, um eine Infektion zu verhindern, sollten wir uns auch um unsere psychischen Wunden kümmern. Indem wir die psychologischen Auswirkungen von Stress und sein potenzielles Risiko für unsere psychische Gesundheit verstehen, können wir proaktive Schritte unternehmen, um Stress zu bewältigen und unser seelisches Wohlbefinden zu erhalten.

Während wir in den folgenden Unterabschnitten weiter erkunden, wie Stress verschiedene Aspekte des Lebens beeinflusst, einschließlich körperlicher Gesundheit, Beziehungen und allgemeiner Lebenszufriedenheit, dient Marias Geschichte als Erinnerung daran, wie wichtig es ist, Stress anzugehen, nicht nur für unsere psychische Gesundheit, sondern für die Qualität unseres gesamten Lebens.

2.3 Stress und körperliche Gesundheit

Chronischer Stress ist mehr als nur eine mentale oder emotionale Belastung; er hat auch erhebliche Auswirkungen auf unsere körperliche Gesundheit. Diese Facette des Stresses ist möglicherweise nicht immer offensichtlich, da die Auswirkungen oft allmählich sind und sich im Laufe der Zeit ansammeln.

Unsere Körper reagieren auf Stress, indem sie die Kampf-oder-Flucht-Reaktion aktivieren, wie wir in Kapitel 1.2 "Die biologische Reaktion auf Stress" gelernt haben. Dieser Mechanismus ist in akuten, kurzfristigen Situationen von Vorteil. Wenn Stress jedoch chronisch wird, kann die kontinuierliche Aktivierung dieses Systems zu körperlichem Verschleiß führen, bekannt als 'allostatische Belastung'.

Chronischer Stress kann nahezu jedes System in unserem Körper beeinflussen. Er kann das Risiko für Herz-Kreislauf-Erkrankungen erhöhen, indem er den Blutdruck und den Cholesterinspiegel erhöht. Er kann das Immunsystem unterdrücken, wodurch wir anfälliger für Infektionen werden und die Heilung verlangsamt wird. Er kann zu Verdauungsproblemen wie Gastritis, Magengeschwüren und dem Reizdarmsyndrom führen. Er kann auch bestehende Erkrankungen wie Asthma oder Hautprobleme wie Ekzeme verschlimmern.

Darüber hinaus kann chronischer Stress unsere Lebensgewohnheiten beeinflussen und oft zu einer schlechten körperlichen Gesundheit führen. Wir könnten diese Auswirkungen übersehen, aber sie waren in Marias Geschichte deutlich zu erkennen. Ihr zunehmender Arbeitsstress führte zu hastigen, ungesunden Essgewohnheiten und reduzierter körperlicher

Aktivität - Faktoren, die im Laufe der Zeit zu Erkrankungen wie Fettleibigkeit, Diabetes und anderen chronischen Krankheiten beitragen können.

Es ist klar, dass chronischer Stress ein stiller, potenter Risikofaktor für verschiedene körperliche Gesundheitsprobleme ist. Was ihn noch hinterhältiger macht, ist, dass diese physischen Symptome oft zu den psychologischen Auswirkungen des Stresses beitragen und einen Teufelskreis erzeugen. Zum Beispiel kann durch stressbedingte Schlaflosigkeit die Müdigkeit zunehmen, was dann wiederum das Gefühl von Stress und Angst verstärkt.

Angesichts dieser tiefgreifenden Auswirkungen wird es entscheidend, Stress zu erkennen und zu bewältigen, nicht nur für unser psychisches Wohlbefinden, wie im vorherigen Kapitel "Stress und psychische Gesundheit" diskutiert, sondern auch für die Erhaltung unserer körperlichen Gesundheit.

Während wir zum nächsten Kapitel "Stille Signale - Erkennen von Stresssymptomen" übergehen, werden wir erkunden, wie wir die Anzeichen von Stress in unserem Körper und Geist identifizieren können. Das Verständnis, das wir über den Einfluss von Stress auf unsere körperliche Gesundheit gewonnen haben, wird für die Erkennung dieser Signale entscheidend sein. Indem wir lernen, diese Zeichen zu interpretieren, können wir frühzeitig intervenieren und die negativen Auswirkungen von Stress auf unseren Körper und unser Leben minimieren. Denken Sie daran, das Verständnis von Stress ist unsere erste Verteidigungslinie gegen ihn.

Kapitel 3: Stille Signale - Stresssymptome erkennen

3.1 Toms ignorierte Stresssignale

Tom, ein Geschichtslehrer an einer High School und Vater von zwei Kindern, führte ein Leben voller Verantwortung. Zwischen dem Korrigieren von Arbeiten, Eltern-Lehrer-Meetings, den Ballettaufführungen seiner Töchter und den Hausarbeiten war sein Leben ein Wirbelwind aus nonstop Aktivität.

Ähnlich wie Maria aus Kapitel 2 war Tom immer in Bewegung, aber sein Fall war etwas anders. Tom war nicht von seinem beruflichen Leben gefangen. Stattdessen jonglierte er mit mehreren Rollen - ein engagierter Lehrer, ein liebevoller Vater, ein fürsorglicher Ehemann und ein aktives Mitglied der Gemeinschaft.

Langsam schlich sich der Stress ein und sandte stille Signale aus, die Tom nicht bemerkte. Seine gelegentlichen Kopfschmerzen verwandelten sich in einen konstanten quälenden Schmerz. Sein gewohnter morgendlicher Lauf fühlte sich immer mehr wie ein Marathon an, ließ ihn atemlos und erschöpft zurück. Der fröhliche Lehrer, der für seine lebendigen Klassen bekannt war, hatte jetzt Schwierigkeiten, sich zu konzentrieren und engagiert zu bleiben.

Allerdings wischte Tom diese Symptome beiseite und schob sie auf sein Alter und Müdigkeit. Seine anhaltende Erschöpfung, dachte er, rührte von spätem Korrigieren her und seine Kopfschmerzen wurden als Nebenwirkung des Kaffeeentzugs abgetan.

Eines Tages fiel Tom mitten in seiner Geschichtsstunde über die Französische Revolution in Ohnmacht. Als er wieder zu sich kam, lag er in einem Krankenhausbett, von besorgten Gesichtern umgeben. Nach einer Reihe von Tests bestätigten die Ärzte, dass Toms Symptome nicht auf sein Alter oder Müdigkeit zurückzuführen waren, sondern das Ergebnis von chronischem Stress waren.

Toms Geschichte verdeutlicht die Bedeutung stiller Stresssignale und die Wichtigkeit, sie zu erkennen und anzugehen. Es war erst, als Tom in Ohnmacht fiel, eine bedeutende Stressreaktion, dass er die Ernsthaftigkeit seines Zustands akzeptierte. Seine ignorierten Symptome - die Kopfschmerzen, Erschöpfung, Atemlosigkeit - waren alle Anzeichen dafür, dass sein Körper unter chronischem Stress stand.

Toms Geschichte ist eine ernüchternde Erinnerung an die Bedeutung des Verständnisses von Stress und seiner verschiedenen Symptome, sowohl psychologisch als auch physisch. Das Ignorieren dieser Anzeichen kann zu einem abrupten Weckruf führen, wie es bei Tom der Fall war. Noch wichtiger ist, dass betont wird, dass jeder, unabhängig von seinem Beruf oder Lebensstil, stressanfällig sein kann.

Während wir uns in das nächste Kapitel, "Stille Signale - Erkennen von Stresssymptomen", vertiefen, behalten wir Toms Erfahrung im Hinterkopf. Seine Geschichte dient als praktisches Beispiel für die Bedeutung, diese Signale frühzeitig zu erkennen und anzuerkennen, um zu verhindern, dass wir einen Punkt erreichen, an dem der Körper uns zwingt, innezuhalten und aufmerksam zu sein. Indem wir die Sprache unseres Körpers in Bezug auf Stress verstehen, können wir aktiv Schritte unternehmen, um seine Auswirkungen zu minimieren und einen gesünderen, ausgewogeneren Lebensstil zu fördern.

3.2 Die subtilen Anzeichen von Stress

Die Auswirkungen von chronischem Stress können sich in vielerlei Hinsicht in unserem Leben zeigen, oft subtiler, als wir es erwarten würden. Wie in Toms Geschichte zu sehen ist, können diese Zeichen leicht übersehen oder anderen Faktoren zugeschrieben werden, besonders wenn sie allmählich auftreten. Doch das Erkennen dieser stillen Signale ist der erste entscheidende Schritt, um Stress effektiv zu bewältigen.

Eine der subtilen Anzeichen von Stress ist eine Veränderung der Schlafgewohnheiten. Es fällt Ihnen möglicherweise schwer einzuschlafen, Sie wachen häufig auf oder fühlen sich trotz einer ganzen Nacht Schlaf müde. Tom, der seine Müdigkeit immer auf das späte Korrigieren von Arbeiten schob, bemerkte seine gestörten Schlafmuster nicht, die tatsächlich ein stilles Stresssignal waren.

Auch Veränderungen im Appetit können auf Stress hindeuten. Manche Menschen essen unter Stress mehr und nehmen dadurch an Gewicht zu, während andere ihren Appetit verlieren können. Diese Schwankungen sind eine direkte Reaktion auf die Stressreaktion des Körpers, die unseren Stoffwechsel und unsere Verdauungsprozesse beeinflusst.

Stimmungsschwankungen oder das Gefühl, emotional 'auf einer Achterbahn' zu sein, können ebenfalls auf chronischen Stress hindeuten. Sie können sich gereizt, ängstlich oder depressiv fühlen, und diese Gefühle können sich schnell ändern. Diese Instabilität zeigte sich in Toms Interaktionen in der Schule, wo seine gewöhnlich engagierte Art durch Müdigkeit und Desinteresse ersetzt wurde.

Das Erleben häufiger Kopfschmerzen, wie Tom es tat, kann ein weiteres Anzeichen von Stress sein. Diese können sich wie Spannungskopfschmerzen anfühlen, die oft als konstantes Druckgefühl um den Kopf beschrieben werden. Zusätzlich dazu können Sie auch andere körperliche Symptome wie Muskelverspannungen oder häufige Erkältungen aufgrund eines geschwächten Immunsystems erfahren.

Während die Symptome bei jedem Individuum variieren können, ist die gemeinsame Eigenschaft, dass diese Anzeichen oft subtil, still und leicht zu übersehen sind, genau wie Tom es tat, bis er eine deutliche körperliche Reaktion auf seinen chronischen Stress erlebte.

Die entscheidende Erkenntnis hierbei ist die Bedeutung, auf unseren Körper und Geist zu achten, diese subtilen Veränderungen wahrzunehmen und sie ernst zu nehmen. Bedenken Sie, dass diese Symptome die Art und Weise des Körpers sind, uns mitzuteilen, dass es Zeit ist, langsamer zu machen und für uns zu sorgen. Es ist eine Einladung, innezuhalten, zu reflektieren und die Stressfaktoren in unserem Leben proaktiv anzugehen.

Indem wir die subtilen Anzeichen von Stress verstehen, wie es in Toms Geschichte veranschaulicht wird, können wir eine Grundlage schaffen, um diese Signale in unserem eigenen Leben zu erkennen. Dieses Verständnis ist der erste Schritt zur Stressbewältigung und ebnet den Weg für die Strategien, die wir in den kommenden Kapiteln erkunden werden.

So wie das leise Flüstern eines aufziehenden Sturms darauf hinweisen kann, dass wir Schutz suchen sollten, signalisieren uns die subtilen Anzeichen von Stress, proaktive Maßnahmen zum Schutz unserer mentalen und körperlichen Gesundheit zu ergreifen. Lasst uns auf diese stillen Signale achten und uns auf einen ausgewogenen, stressbewältigten Weg begeben.

3.3 Typische Symptome von Stress

Während das vorherige Unterkapitel die subtilen Anzeichen von Stress hervorhob, ist es ebenso wichtig, die häufigeren Symptome zu verstehen. Diese sind klare, deutliche Signale, dass unser Körper auf chronischen Stress reagiert. Das Erkennen dieser typischen Symptome ist entscheidend, um eine Eskalation der Stressreaktion zu verhindern, wie wir es aus Toms Erfahrung gelernt haben.

Ein häufiges Symptom von Stress sind kognitive Veränderungen. Diese können von Schwierigkeiten bei der Konzentration und Entscheidungsfindung bis hin zu ständigen Sorgen und Gedankenrasen reichen. Stress kann unseren Geist trüben, und diese kognitiven Veränderungen sind oft die ersten Anzeichen dafür, dass unser Körper unter Stress steht.

Auch physische Symptome sind häufige Anzeichen von chronischem Stress. Dazu gehören unter anderem Veränderungen des Energielevels, häufige Erkrankungen aufgrund eines geschwächten Immunsystems und Veränderungen des sexuellen Verlangens. Darüber hinaus kann Stress, wie wir es aus Marias Geschichte erfahren haben, erhebliche Störungen unserer Schlafmuster und unseres Appetits verursachen.

Emotional kann Stress zu Gefühlen von Überforderung, Reizbarkeit und einem allgemeinen Gefühl von Unzufriedenheit führen. Wir könnten auch eine verringerte Fähigkeit feststellen, uns zu entspannen oder unseren Geist zur Ruhe zu bringen, was zu einem anhaltenden Gefühl von Anspannung oder Nervosität führt.

Schließlich kann chronischer Stress zu Verhaltensänderungen führen. Sie könnten bemerken, dass Sie häufiger aufschieben, Verantwortlichkeiten vernachlässigen oder Substanzen wie Alkohol, Tabak oder Nahrungsmittel zur Bewältigung verwenden.

Das Zusammenspiel dieser Symptome ist bei jedem Individuum einzigartig und hängt weitgehend von den persönlichen und Umweltbedingungen ab. Daher ist es wichtig, Ihre spezifischen Stressreaktionen und deren Manifestationen in Ihrem Leben zu verstehen.

Wenn wir zum nächsten Kapitel " Der Sturm im Inneren - Interne Stressquellen " übergehen, müssen wir uns daran erinnern, dass diese Symptome von Stress nicht nur an sich problematisch sind. Sie sind oft das Ergebnis unbeachteter interner Stressoren, die die Stressreaktion kontinuierlich befeuern.

In den folgenden Kapiteln werden wir diese internen Stressquellen erkunden, um unsere einzigartigen Stressauslöser besser zu verstehen. Das Erkennen dieser Auslöser wird uns dabei helfen, eine individuelle Stressbewältigungsstrategie zu entwickeln, die auf dem Verständnis basiert, das wir aus der Beobachtung der typischen Stresssymptome in unserem eigenen Leben gewonnen haben.

Im Wesentlichen ist es eine Reise nach innen, zum Kern des Sturms, wo wir lernen werden, die Turbulenzen des Stresses von innen nach außen zu navigieren. Lassen Sie uns diese Reise beginnen, ausgestattet mit unserem neu gewonnenen Verständnis für die typischen Symptome von Stress, und immer achtsam auf ihre Rolle als Hinweise auf den Sturm im Inneren.

Kapitel 4: Der Sturm im Inneren - Interne Stressquellen

4.1 Emilys Kampf mit dem Perfektionismus

Emily, eine hoch talentierte Grafikdesignerin, wurde für ihre kreative Begabung und akribische Aufmerksamkeit für Details bewundert. Ihre Designs waren bekannt für ihre makellose Umsetzung und innovative Ideen. Doch was die meisten Menschen nicht wussten, war der innere Sturm, mit dem Emily jeden Tag kämpfte - ihr unerbittliches Streben nach Perfektion.

Während sie hohe Standards anstrebte, befand sich Emily in einem ständigen Kampf mit einem internen Stressor - dem Perfektionismus. Selbst der kleinste Makel in ihrer Arbeit führte zu schlaflosen Nächten und unzähligen Stunden Überarbeitung. Diese interne Stressquelle, ähnlich wie die stillen Signale, von denen wir in Toms Geschichte gelernt haben, war weniger offensichtlich, aber von erheblicher Auswirkung.

Emilys Geschichte begann, als sie einen prestigeträchtigen Vertrag gewann, um das Logo für ein hochkarätiges Tech-Startup zu entwerfen. Sie war begeistert, aber auch verängstigt. Emily wusste, dass dies eine große Chance war, aber ihr Perfektionismus setzte ein. Sie fühlte einen immensen Druck, ein Design zu schaffen, das nicht nur gut, sondern perfekt war.

Emily widmete sich ihrer Design-Software, überarbeitete und verfeinerte jede Kurve und Farbe, um einen flüchtigen Zustand absoluter Perfektion zu erreichen. Der Stress zeigte seine typischen Symptome, wie wir es im letzten Unterkapitel besprochen haben. Ihr Schlaf war gestört, der Appetit verschwand, und sie fühlte ständige Angst.

Trotz dieser Stresssignale trieb Emily sich weiter an und ignorierte ihre körperliche Gesundheit und emotionales Wohlbefinden. Ähnlich wie Maria und Tom, bagatellisierte sie ihre Symptome und schrieb sie dem intensiven Projekt zu.

Eines Tages betrachtete Emily ihr Design - es war wunderschön, innovativ und drückte die Ethik des Unternehmens perfekt aus. Doch alles, was sie sehen konnte, waren die Fehler. In ihrem Streben nach Perfektion hatte sie den Blick für ihre Kreativität und Freude am Design verloren. Erschöpft und überwältigt erkannte sie schließlich, dass ihr Perfektionismus ein zerstörerischer interner Stressor war, der mehr Schaden anrichtete als Exzellenz zu fördern.

Emilys Geschichte unterstreicht einen wichtigen Punkt über interne Stressquellen, die wir in diesem Kapitel "Der Sturm im Inneren - Interne Stressquellen" erkunden werden. Stressoren sind nicht immer extern, wie anspruchsvolle Jobs oder überwältigende persönliche Verantwortlichkeiten. Oft existieren sie in uns - in unseren Einstellungen, Erwartungen und Denkweisen. In Emilys Fall war es ihr unerbittliches Streben nach Perfektionismus.

Wenn wir uns in dieses Kapitel vertiefen, behalten Sie Emilys Geschichte im Hinterkopf. Ihr Kampf mit dem Perfektionismus veranschaulicht anschaulich, wie interne Stressoren wirken und welchen Schaden sie anrichten können, wenn sie unbeachtet bleiben. Das Verständnis dieser internen Stressoren ist ein wesentlicher Bestandteil der Reise zur Stressbewältigung, da es uns ermöglicht, die Wurzel des Problems anzugehen und nicht nur die Symptome.

So wie Emily sich ihrem Perfektionismus stellen musste, müssen auch wir unsere internen Stressquellen erkennen und angehen, um den Sturm des Stresses effektiv zu bewältigen. Es ist eine Reise des Verstehens und der Akzeptanz, zu erkennen, dass Perfektion eine Illusion ist und dass das Streben nach Exzellenz nicht bedeutet, dass wir unser Wohlbefinden opfern sollten.

4.2 Persönliche Erwartungen und Perfektionismus

Persönliche Erwartungen und Perfektionismus können starke interne Stressoren darstellen, die uns auf ein schwer zu erreichendes Ideal von Exzellenz drängen, ähnlich wie bei Emilys Kampf mit dem Design.

Perfektionismus geht nicht nur um hohe Standards oder eine unerschütterliche Verpflichtung zur Qualität. Es ist im Wesentlichen der Glaube, dass Perfektion erreicht werden muss, um Kritik und Versagen zu vermeiden. Emilys Geschichte veranschaulicht dieses Konzept, da ihr Wunsch nach einem makellosen Design nicht von ihrer kreativen Leidenschaft angetrieben wurde, sondern von der Angst, etwas weniger als Perfektes zu produzieren.

Perfektionismus kann den Stress erheblich verstärken, indem er unrealistische Erwartungen an uns selbst setzt. Wenn wir kontinuierlich nach etwas Unmöglichem streben, schaffen wir eine Situation, in der das Scheitern unausweichlich ist, was immense Druck und Angst verursacht. Dieser kontinuierliche Zyklus kann unsere Gesundheit sowohl psychisch als auch physisch beeinträchtigen, wie bei Emilys gestörten Schlafmustern und gesteigerter Angst zu sehen ist.

Darüber hinaus kann Perfektionismus einen schädlichen Einfluss auf unser Selbstwertgefühl haben. Wir binden unser Selbstwertgefühl daran, Perfektion zu erreichen, und wenn es unerreichbar ist, sinkt unser Selbstwertgefühl. Im Laufe der Zeit kann dies zu Gefühlen der Unzulänglichkeit und Depression führen.

Es ist jedoch wichtig zu verstehen, dass Perfektionismus keine feste Eigenschaft ist. Es ist eine Denkweise, die durch das Erkennen und Herausfordern der kognitiven Verzerrungen, die ihn antreiben, verändert werden kann. Eine Strategie besteht darin, Selbstmitgefühl zu praktizieren. Wie Emily erkannte, musste sie ihre menschlichen Grenzen akzeptieren und verstehen, dass Fehler ein Teil des Lernprozesses sind.

Eine weitere Strategie besteht darin, vom Perfektionismus zu gesunder Zielstrebigkeit überzugehen. Perfektionismus dreht sich darum, Versagen zu vermeiden, während gesunde

Zielstrebigkeit bedeutet, Erfolg anzustreben. Es geht darum, hohe, aber erreichbare Standards zu setzen und anzuerkennen, dass Fehler und Rückschläge wesentliche Bestandteile des Wachstums und der Verbesserung sind.

Schließlich ist eine Neubewertung unseres Konzepts des Scheiterns entscheidend. Anstatt es als etwas zu fürchten, kann es als Chance für Lernen und Entwicklung betrachtet werden. Wenn wir unsere Perspektive ändern, können wir den mit Perfektionismus verbundenen Stress reduzieren und den Weg für gesündere persönliche Erwartungen ebnen.

Letztendlich erfordert es, persönliche Erwartungen und Perfektionismus zu überwinden, ähnlich wie bei der Navigation durch einen Sturm, ein Verständnis der Turbulenzen im Inneren. Während wir uns in den kommenden Abschnitten mit den internen Stressquellen vertiefen, werden wir uns mit Strategien ausstatten, um diese internen Stressoren effektiv zu bewältigen und uns auf einen ausgeglicheneren, erfüllenderen Lebensweg zu führen. Wie Emilys Geschichte zeigt, beginnt der Weg zur Stressbewältigung oft mit einer Reise nach innen, um den Sturm im Inneren zu konfrontieren.

4.3 Negative Selbstgespräche und Angst

Während wir uns durch die internen Stressquellen bewegen, ist es entscheidend, einen weiteren bedeutenden Faktor anzusprechen - negative Selbstgespräche und ihre Rolle bei der Förderung von Angst. Diese Form des inneren Dialogs kann die Flammen unserer persönlichen Stürme schüren, den Stress verschlimmern und zu einer Kaskade negativer emotionaler Reaktionen führen.

Negative Selbstgespräche repräsentieren die pessimistische innere Stimme, die unser Selbstvertrauen untergräbt und unsere Ängste vergrößert. Es kann sich auf verschiedene Weise manifestieren, von Selbstkritik über Befürchtungen bis hin zu düsteren Vorhersagen. So wie Emily der Angst vor der Produktion unvollkommener Arbeit zum Opfer fiel, können auch wir diesem zerstörerischen Dialog erliegen, der zu erhöhtem Stress führt.

Solche selbstabwertenden Gedanken können Angst fördern, einen Zustand anhaltender Sorge um unsere Fähigkeiten und die Zukunft schaffen. Dieses Grübeln intensiviert nicht nur den Stress, sondern kann auch zu physischen Symptomen wie Müdigkeit, Kopfschmerzen und Schlafstörungen führen, ähnlich wie bei Emily und Tom.

Trotz ihrer Bedrohlichkeit können negative Selbstgespräche verwaltet und sogar durch einen positiveren, unterstützenden inneren Dialog ersetzt werden. Der erste Schritt besteht darin, sich dessen bewusst zu werden - zu erkennen, wenn wir in negative Selbstgespräche verfallen. Reflektierende Praktiken wie Tagebuchschreiben oder Achtsamkeitsmeditation können helfen, diese schädlichen Denkmuster zu identifizieren.

Sobald wir diese Gedanken erkennen, können wir sie infrage stellen und umformulieren. Anstatt zu denken: "Ich werde das nie richtig hinbekommen," könnten wir sagen: "Ich lerne und verbessere mich mit jedem Versuch." Diese Verschiebung von negativem zu positivem

Selbstgespräch reduziert die Angst, fördert Selbstmitgefühl und ermutigt zu einer gesünderen Reaktion auf Stress.

Darüber hinaus können Entspannungstechniken wie tiefe Atmung, Yoga oder Achtsamkeit helfen, die Angst zu bewältigen, die oft mit negativen Selbstgesprächen einhergeht. Solche Praktiken tragen dazu bei, den Geist zu beruhigen und dringend benötigte Erleichterung von dem anhaltenden Geplapper unseres inneren Kritikers zu verschaffen.

Mit diesem Abschnitt schließen wir das Kapitel ab und es ist erwähnenswert, dass das Erkennen und Bewältigen der internen Stressquellen wie persönlichen Erwartungen, Perfektionismus, negativen Selbstgesprächen und Angst ein bedeutender Schritt in unserer Stressbewältigungsreise ist. Wir existieren jedoch nicht in einem Vakuum und wie wir im nächsten Kapitel "Externe Stürme meistern - Externe Stressquellen" erkunden werden, können auch unsere Umgebung und Umstände unsere Stresspegel signifikant beeinflussen.

Denken Sie daran, das Wesentliche der Stressbewältigung liegt nicht nur darin, unsere internen Stressoren zu verstehen, sondern auch externe Stressoren effektiv anzuerkennen und zu bewältigen. Während wir in unserer Reise voranschreiten, wollen wir die bisherigen Lektionen mitnehmen und uns darauf vorbereiten, die Stürme zu bewältigen, die außerhalb unseres Geistes brodeln. Wir haben den internen Sturm überstanden; jetzt wollen wir uns darauf vorbereiten, den äußeren zu überstehen.

Kapitel 5: Externe Stürme meistern - Externe Stressquellen

5.1 Jakes Kampf mit einem toxischen Arbeitsumfeld

Jake war ein ehrgeiziger Softwareingenieur, der kürzlich eine Stelle bei einem angesehenen Technologieunternehmen erhalten hatte. Er war begeistert, mit einem Team hochqualifizierter Personen an Projekten zu arbeiten, die ihm am Herzen lagen. Doch schon bald befand er sich in einem toxischen Umfeld, das seine Belastbarkeit auf die Probe stellen und ihm die Realität externer Stressquellen vor Augen führen würde.

Von seinem ersten Tag an bemerkte Jake, dass das Arbeitsklima eher wettbewerbsorientiert als kooperativ war. Seine Kollegen, obwohl talentiert, wirkten verschlossen und boten selten Hilfe oder Unterstützung an. Sein Vorgesetzter war mehr darauf bedacht, Fristen einzuhalten, anstatt das Team zu fördern, und setzte unrealistische Erwartungen, ohne Verständnis zu zeigen, wenn Ziele nicht erreicht wurden.

Jake begann, diese Toxizität zu verinnerlichen. Er verfiel in negative Selbstgespräche, glaubte, er sei nicht gut genug, und machte sich ständig Sorgen, seine Ziele zu erreichen. Trotz langer Arbeitszeiten eskalierte seine Angst von Tag zu Tag. Der Arbeitsplatzstress drang in sein Privatleben ein, ließ ihn erschöpft zurück und beeinträchtigte seinen Schlaf, ähnlich wie bei Emily und Tom in ihren eigenen Kämpfen mit Stress.

Eines Tages bemerkte Jake eine Pflanze auf seinem Schreibtisch, die trotz regelmäßigen Gießens verwelkte. Er erkannte, dass er genauso kämpfte, nicht aufgrund seiner Unfähigkeit, zu gedeihen, sondern aufgrund des ungesunden Umfelds.

Indem er sich an die Geschichten von Emily und Tom erinnerte, verstand Jake, dass er unter externem Stress stand. Er beschloss, die Situation anzugehen und begann mit einem Gespräch mit seinem Vorgesetzten über die unrealistischen Erwartungen und das toxische Arbeitsumfeld. Obwohl sein Vorgesetzter anfangs abwehrend reagierte, blieb Jake beharrlich und betonte die Notwendigkeit einer gesünderen, unterstützenderen Arbeitskultur.

Gleichzeitig entschied sich Jake, eine positivere Denkweise zu pflegen. Er begann, seine negativen Selbstgespräche in Frage zu stellen und durch konstruktive Gedanken zu ersetzen, verwandelte "Ich kann das nicht" in "Ich gebe mein Bestes, und das reicht aus." Er begann, sich in achtsamer Meditation zu üben, um seinen ängstlichen Geist zu beruhigen und seine innere Ruhe wiederzufinden, ähnlich wie die Praktiken, die wir in früheren Kapiteln besprochen haben.

Jakes Geschichte ist noch nicht zu Ende, und obwohl er das Umfeld nicht vollständig kontrollieren kann, lernt er, den externen Sturm zu bewältigen. Er ist ein Zeugnis für die Bedeutung, den Einfluss externer Stressfaktoren auf unsere mentale Gesundheit anzuerkennen und proaktiv Schritte zu unternehmen, um sie zu bewältigen. Seine Reise dient als Vorläufer für die nächste Phase unserer Stressbewältigungsreise, in der wir uns mit den externen Stressquellen auseinandersetzen und ihnen begegnen werden.

5.2 Arbeitsbedingter Stress

Arbeitsbedingter Stress wird oft übersehen, kann aber, wie in Jakes Geschichte illustriert, erhebliche Auswirkungen auf unsere geistige und körperliche Gesundheit haben. Er entsteht aus verschiedenen Faktoren, einschließlich hoher Arbeitsanforderungen, geringer Kontrolle über die Arbeit und mangelnder Unterstützung von Kollegen und Vorgesetzten.

Jake fand sich in einem ungesunden Arbeitsumfeld wieder, das ein wettbewerbsorientiertes statt kooperatives Klima förderte. Dadurch erlebte er hohe Arbeitsanforderungen, ohne die notwendige Unterstützung zu erhalten, was zu erhöhtem Stress führte. Solche Umstände sind in heutigen arbeitsintensiven Umgebungen weit verbreitet, in denen der Fokus oft mehr auf der Produktivität als auf dem Wohlbefinden liegt.

Diese Art von Stress kann zu negativen körperlichen Symptomen führen, wie Müdigkeit und Schlafstörungen, ähnlich wie die Erfahrungen von Jake und den früheren Beispielen, die wir betrachtet haben, wie Tom und Emily. Die Auswirkungen beschränken sich jedoch nicht nur auf körperliche Symptome. Der ständige Druck und die fehlende Unterstützung können auch zu psychischen Problemen wie Angst und geringem Selbstwertgefühl führen.

Es ist entscheidend, diese Anzeichen zu erkennen und ihnen entgegenzuwirken. Genau wie Jake sollten Sie Ihre Bedenken Ihrem Vorgesetzten oder der Personalabteilung mitteilen, was ein wichtiger erster Schritt sein kann. Aber denken Sie daran, während es wichtig ist, ein gesünderes Arbeitsumfeld anzustreben, gibt es Aspekte, die Sie nicht kontrollieren können.

Hier kommen Stressbewältigungsstrategien ins Spiel. Techniken wie positives Selbstgespräch, wie es Jake getan hat, können die Angst deutlich reduzieren. Regelmäßige Bewegung und ausreichend Ruhe sind ebenfalls wichtig, um die körperliche Gesundheit zu erhalten und widerstandsfähiger gegen Stress zu sein. Achtsamkeit und Entspannungstechniken können den notwendigen mentalen Raum bieten, um arbeitsbedingte Belastungen effektiv zu bewältigen.

Darüber hinaus kann das Setzen von Grenzen zwischen Arbeit und Privatleben verhindern, dass arbeitsbedingter Stress in Ihr persönliches Leben übergeht. Dazu gehören klare Arbeitszeiten und die Sicherstellung, dass Sie Zeit haben, sich zu entspannen und Aktivitäten zu genießen, die Ihnen Freude bereiten.

Im nächsten Unterkapitel werden wir uns mit anderen externen Stressoren beschäftigen, die oft mit arbeitsbedingtem Stress interagieren und ein komplexeres Stressumfeld schaffen, das es zu bewältigen gilt. Genau wie Jake dabei ist, seinen Sturm zu überstehen, werden wir uns weiterhin mit Wissen und Werkzeugen ausstatten, um diese externen Stressoren effektiv zu managen. Wie wir aus den vorherigen Kapiteln gelernt haben, ist das

Management von Stress, ob intern oder extern, eine entscheidende Fähigkeit zur Erhaltung unseres allgemeinen Wohlbefindens.

5.3 Familien- und Beziehungsstress

Über den Arbeitsplatz hinaus ist eine weitere bedeutende Quelle für externen Stress unsere Beziehungen, insbesondere innerhalb unserer Familie. Diese Verbindungen bieten zwar Unterstützung und Trost, können aber manchmal aufgrund von Meinungsverschiedenheiten, unrealistischen Erwartungen oder Veränderungen wie Scheidung oder Verlust zu einer Stressquelle werden.

Ein Aspekt des Beziehungsstresses, der unserer vorherigen Diskussion über arbeitsbedingten Stress ähnelt, ist das Konzept von Anforderungen und Unterstützung. In einem familiären Kontext können Anforderungen aus Kinderbetreuung, Betreuung älterer Familienmitglieder oder finanziellen Verpflichtungen entstehen. Gleichzeitig kann Unterstützung in Form von emotionaler Zuwendung, geteilten Verantwortlichkeiten oder gegenseitigem Verständnis kommen.

Wenn jedoch die Anforderungen die verfügbare Unterstützung übersteigen, eskaliert der Stress. Diese Dynamik ähnelt den Drucksituationen, die Jake bei der Arbeit erlebt hat. Während sich die Details unterscheiden, bleibt das grundlegende Prinzip von Stress aufgrund eines Ungleichgewichts von Anforderungen und Unterstützung bestehen.

Familien- und Beziehungsstress verwebt sich oft mit anderen Bereichen unseres Lebens, wie der Arbeit, und verstärkt den Stress, den wir erleben. Zum Beispiel kann ein Streit mit einem Familienmitglied uns bei der Arbeit ablenken, was zu Leistungsangst und einer Intensivierung des arbeitsbezogenen Stresses führt. Umgekehrt kann Arbeitsstress auf unsere Beziehungen übertragen werden, was zu Ungeduld und Konflikten zu Hause führt.

Um Familien- und Beziehungsstress zu bewältigen, ist es wichtig, offene Kommunikation zu fördern. Das Besprechen von Anliegen und Erwartungen kann Missverständnisse verhindern und eine unterstützende Umgebung schaffen. Zusätzlich können das Setzen von Grenzen, wie die Festlegung von Familienzeit getrennt von Arbeitszeit, helfen, Anforderungen auszugleichen und den Übertragungseffekt zu verhindern.

Jedoch, wie wir aus Jakes Geschichte und den früheren Kapiteln gelernt haben, bedeutet Stressbewältigung nicht nur die spezifischen Stressoren anzugehen. Ein wesentlicher Teil einer effektiven Stressbewältigung besteht darin, unsere Perspektive auf Stress selbst zu verändern, ein Konzept, dem wir uns im folgenden Kapitel "Wandelnde Winde - Die Perspektive auf Stress ändern" eingehender widmen werden.

Stress ist ein inhärenter Teil des Lebens und entsteht aus verschiedenen Quellen, intern und extern. Allerdings beeinflusst unsere Wahrnehmung und Reaktion auf Stress entscheidend seine Auswirkungen auf unser Leben. Wenn wir voranschreiten, werden wir Wege erkunden, unsere Winde zu verändern, unsere Sichtweise auf Stress zu ändern und uns zu ermächtigen, nicht nur unsere Stürme zu überstehen, sondern sie mit größerer Widerstandsfähigkeit und Ruhe zu durchqueren.

Kapitel 6: Sich verändernde Winde - Die Perspektive auf Stress verändern

6.1 Sarahs Reise zur Neugestaltung von Stress

Sarah war eine Mittelschullehrerin, die eine Vielzahl von Rollen bewältigte. Ihre Arbeit war erfüllend, aber zwischen dem Benoten von Arbeiten, der Planung von Unterrichtseinheiten und dem Umgang mit den unterschiedlichen Bedürfnissen ihrer Schülerinnen und Schüler war sie auch anspruchsvoll. Hinzu kamen ihre Verantwortungen als alleinerziehende Mutter von zwei Kindern, und Sarah fand sich in einem Meer von Stress wieder.

Sarah kannte Stress bereits. Wie Jake spürte sie den Druck eines fordernden Jobs, und wie Emily kämpfte sie mit den Belastungen eigener Erwartungen. Ihr Stress wirkte wie eine enorme, überwältigende Welle, die sie jederzeit umwerfen könnte.

Eines Tages stieß Sarah in einer Zeitschrift auf ein Zitat, das lautete: "Ändere die Art, wie du die Dinge betrachtest, und die Dinge, die du betrachtest, ändern sich." Neugierig beschloss sie, dies auf ihre Sichtweise von Stress anzuwenden. Könnte sie ihre Perspektive verändern und die enorme Stresswelle in etwas anderes verwandeln?

Sarah begann, Stress nicht mehr als überwältigende Kraft zu betrachten, sondern als herausfordernden Wind, der sie antreibt, ihr Leben besser zu navigieren. Sie erkannte, dass ihr Arbeitsstress aus ihrer Hingabe an den Erfolg ihrer Schülerinnen und Schüler entstand, eine Reflexion ihres Engagements und ihrer Leidenschaft für das Lehren. Ähnlich kamen die Belastungen zu Hause aus ihrer Liebe zu ihren Kindern und ihrem Wunsch, ihnen das Beste zu bieten.

Dieser Prozess der Neugestaltung minimierte Sarahs Stress nicht, half ihr aber, ihn effektiver zu bewältigen. Anstatt sich hilflos zu fühlen, fühlte sie sich gestärkt. Sie begann, ihre Stressoren proaktiv anzugehen, suchte Unterstützung bei der Arbeit, teilte Haushaltsaufgaben mit ihren Kindern auf und nahm sich Zeit für Selbstfürsorge.

Sarah erkannte auch, dass Stress keine grundsätzlich negative Kraft war. In Maßen konnte er sie dazu bringen, zu wachsen, sich anzupassen und sich zu verbessern. Ihr Arbeitsstress führte sie dazu, in ihren Lehrmethoden innovativer zu werden, während ihr persönlicher Stress ihr half, eine bessere Kommunikatorin mit ihren Kindern zu werden.

Während dieser Reise griff Sarah auf Strategien zurück, die in unseren vorherigen Kapiteln besprochen wurden. Sie lernte, ihre Stresssymptome frühzeitig zu erkennen, ihre Selbstgespräche positiv zu gestalten und gesunde Grenzen zwischen ihrem persönlichen und beruflichen Leben zu setzen. Aber am wichtigsten war, dass sie lernte, dass ihre Perspektive auf Stress ihre Erfahrung davon beeinflussen konnte.

Sarahs Reise zur Neugestaltung von Stress verdeutlicht die Macht der Wahrnehmung. Ihre Geschichte ist ein Zeugnis dafür, dass Stress zwar unvermeidlich ist, aber mit den richtigen

Werkzeugen und Einstellungen effektiv bewältigt werden kann. Während wir unsere Erkundung im nächsten Kapitel fortsetzen, denken wir an Sarahs Reise. Wie sie können auch wir lernen, unsere Perspektive auf Stress zu verändern, unsere Winde zu verschieben und Herausforderungen im Leben selbstbewusster und friedlicher zu meistern.

6.2 Stress als Signal verstehen

Auf unserer Reise, um Stress zu verstehen, bringt uns Sarahs Geschichte eine frische Perspektive: Stress als Signal zu sehen. Es ist eine neue Linse, durch die wir den Stress in unserem Leben verstehen und angehen können. Dieses Konzept beinhaltet, Stress als Indikator oder Anstoß zu erkennen, der uns dazu drängt, verschiedene Aspekte unseres Lebens zu untersuchen.

Sarah, eine engagierte Lehrerin und alleinerziehende Mutter, stand ständig unter dem Druck, mehrere Rollen zu bewältigen. Anstatt sich jedoch dem überwältigenden Gefühl von Stress zu ergeben, begann sie, es als Signal wahrzunehmen. Diese Perspektivenverschiebung veränderte ihre Reaktion auf Stress erheblich und letztendlich auch ihr Leben.

Zunächst einmal ist es wichtig zu verstehen, dass Stress in seiner grundlegenden Form die Reaktion unseres Körpers auf Herausforderungen oder Anforderungen ist. Es ist ein Signal, dass unser System versucht, sich an eine Situation anzupassen, wie wir es in Kapitel 1 bei der Diskussion über die biologische Reaktion auf Stress gelernt haben. Wenn Stress jedoch chronisch wird, ist dies ein Hinweis darauf, dass etwas in unserem Leben Aufmerksamkeit benötigt.

Für Sarah signalisierte Stress, ihre beruflichen Verpflichtungen und persönlichen Verantwortlichkeiten neu zu bewerten. Es ermutigte sie dazu, Hilfe zu suchen, ihre Arbeitsbelastung besser zu bewältigen und Haushaltsaufgaben mit ihren Kindern zu teilen. Indem sie auf diese Signale reagierte, konnte sie die Quellen ihres Stresses effektiv reduzieren.

Es ist wichtig zu beachten, dass Stresssignale für jeden individuell sind. Sie variieren je nach unseren einzigartigen Erfahrungen, Wahrnehmungen und Bewältigungsmechanismen. Was eine Person überwältigen mag, kann für eine andere ein Leichtes sein. Daher erfordert das Verständnis von Stresssignalen Selbstreflexion und Selbstbewusstsein.

Darüber hinaus kann Stress nicht nur die Notwendigkeit von Veränderung signalisieren, sondern auch das Potenzial für Wachstum. Wie bei Sarah führte der Stress in ihrem Beruf sie dazu, innovative Lehrstrategien zu entwickeln, während persönlicher Stress ihre Kommunikationsfähigkeiten mit ihren Kindern schärfte. Somit fungierte Stress als Signal für Wachstum und persönliche Entwicklung.

Zusammenfassend können wir durch die Neugestaltung von Stress als Signal unsere Beziehung dazu verändern. Es geht nicht darum, Stress zu leugnen oder zu unterdrücken, sondern darum, ihn in einer gesünderen und produktiveren Weise zu verstehen und darauf zu reagieren. Dadurch befähigen wir uns, Herausforderungen im Leben, ähnlich wie Sarah, effektiver und friedlicher zu bewältigen. In unserem nächsten Kapitel werden wir spezifische Strategien erkunden, um diese Stresssignale zu bewältigen und dadurch unsere Stressresistenz zu verbessern.

6.3 Veränderung deiner Stress-Erzählung

Eine der tiefgreifendsten Erkenntnisse aus Sarahs Geschichte ist die transformative Kraft der Veränderung der eigenen Stress-Erzählung. Dieser Unterabschnitt wird genauer darauf eingehen, wie du deine Sichtweise auf Stress anpassen kannst und so die Bühne für das nächste Kapitel setzen, in dem wir verschiedene Stressbewältigungstechniken erkunden werden.

Die Veränderung unserer Stress-Erzählung beinhaltet, unsere Perspektive auf Stress von einer Bedrohung zu einer Herausforderung zu verschieben, von etwas, das man vermeiden sollte, zu etwas, das uns wertvolle Lebenslektionen lehren kann. Diese Änderung der Denkweise kann einen erheblichen Einfluss darauf haben, wie wir Stress erleben und wie wir ihn bewältigen.

Betrachten wir zum Beispiel Sarahs Neugestaltung von Stress in ihrem Leben. Anstatt es als überwältigende Kraft zu betrachten, begann sie es als ein Signal für Wachstum und Anpassung zu sehen. Sie konnte ihre Stressreaktionen als Ausdruck ihrer Leidenschaft für das Unterrichten und ihrer Liebe zu ihren Kindern interpretieren. Dadurch änderte sie ihre Stress-Erzählung von einer Geschichte des Kampfes zu einer Reise der Widerstandsfähigkeit und des Wachstums.

Die Veränderung deiner Stress-Erzählung geht nicht darum, die Realität von Stress oder die wirklichen Probleme, die ihn verursachen können, zu leugnen. Es geht darum, den Fokus darauf zu verlagern, sich nicht als Opfer von Stress zu fühlen, sondern konstruktive Wege zu finden, um damit umzugehen. Diese Neugestaltung kann ein Gefühl der Kontrolle über unseren Stress vermitteln und uns befähigen, nach Lösungen zu suchen, anstatt uns der Verzweiflung hinzugeben.

Wenn wir unsere Stress-Erzählung ändern, erlauben wir uns, stressige Situationen als Chancen für Wachstum und Lernen zu betrachten. Diese Perspektive kann uns motivieren, gesündere Bewältigungsstrategien zu entwickeln, unsere Problemlösungsfähigkeiten zu verbessern und unsere Widerstandsfähigkeit aufzubauen.

Zum Beispiel könntest du anstelle zu denken: "Diese Arbeitsbelastung ist unmöglich; ich kann es nicht schaffen," denken: "Diese Arbeitsbelastung ist herausfordernd, aber es ist eine Chance für mich, meine Zeitmanagement-Fähigkeiten zu verbessern und dort Unterstützung zu suchen, wo nötig." Beachte, wie die letztere Erzählung motivierender ist und zur Handlung anregt.

Indem wir unsere Stress-Erzählung ändern, können wir auch unsere physiologische Reaktion auf Stress beeinflussen und ihn weniger schädlich für unseren Körper machen. Dieses Konzept, das in dem Unterabschnitt "Die biologische Reaktion auf Stress" diskutiert wird, zeigt die kraftvolle Wechselwirkung zwischen unserem Geist und unserem Körper.

Während wir zum nächsten Kapitel "Beruhigung des Sturms - Stressbewältigungstechniken" übergehen, behalte die Bedeutung der Erzählung im Hinterkopf, die du über Stress konstruierst. Die Techniken, die wir erkunden werden, sind wahrscheinlich effektiver, wenn wir Stress als eine bewältigbare Herausforderung anstatt als unüberwindliches Hindernis betrachten. Denke daran, es ist nicht der Stress selbst, sondern wie wir ihn interpretieren und darauf reagieren, der letztendlich unsere Erfahrung prägt.

Kapitel 7: Den Sturme beruhigen - Stressbewältigungstechniken

7.1 Davids Frieden durch Achtsamkeit

David war ein typischer Manager in einer leitenden Position: immer in Eile, ständig verbunden, immer im Gedanken an den nächsten Deal. Er blühte in der hektischen Geschäftswelt auf, aber das ständige Tempo seines Lebens hinterließ Spuren auf seiner Gesundheit und seinen Beziehungen. Sein Arzt warnte ihn vor gefährlich hohen Stresswerten, während seine Frau über seine ständige Beschäftigung mit der Arbeit klagte.

Eines Abends, als David spät im Büro arbeitete, stieß er auf einen Artikel über Achtsamkeit. Intrigiert begann er zu lesen. Der Artikel beschrieb Achtsamkeit als eine einfache, aber kraftvolle Technik zur Linderung von Stress und zur Kultivierung eines ruhigen Geistes. Es weckte Davids Interesse und bot einen Funken Hoffnung.

In den folgenden Tagen begann David, sich ernsthafter mit Achtsamkeit auseinanderzusetzen. Er begann mit einfachen Übungen, wie zum Beispiel ein paar Minuten am Tag seine Atmung zu beobachten oder den Geschmack seines Morgenkaffees bewusst zu genießen. Anfangs fühlte es sich seltsam an, aber er bemerkte eine subtile Veränderung in seinem Gemützustand: Er fühlte sich ruhiger und präsenter.

Ermutigt durch diese anfänglichen Veränderungen, beschloss David, an einem Kurs zur Stressreduktion durch Achtsamkeit (MBSR) teilzunehmen. Er lernte verschiedene Techniken wie achtsames Atmen, Body-Scan und achtsames Essen. Seine Morgen begannen mit Yoga, seine Mittagspausen beinhalteten achtsame Spaziergänge und seine Abende endeten mit geführten Meditationen.

Die Veränderung in Davids Leben verlief langsam, aber bemerkenswert. Er begann, Stress nicht mehr als Feind zu betrachten, sondern als einen Teil des Lebens, der durch Achtsamkeit bewältigt werden kann. Er wurde sich mehr seiner körperlichen Stresssignale bewusst und erkannte die Anspannung in seiner Brust oder die Falten auf seiner Stirn als Zeichen dafür, dass er langsamer machen und atmen musste.

Seine Beziehungen verbesserten sich, weil er präsenter und aufmerksamer wurde. Seine Frau war die erste, die es bemerkte; sie schätzte die Momente, in denen David sein Handy beiseitelegte, ihr in die Augen sah und wirklich zuhörte, was sie sagte.

Bei der Arbeit bemerkten Davids Kollegen eine Veränderung in seiner Haltung. Er war immer noch engagiert und fleißig, aber er schien weniger gereizt und ausgeglichener. Er begann, Achtsamkeitsübungen in seinem Team zu fördern und schuf so ein gesünderes, unterstützendes Arbeitsumfeld

Davids Reise in die Achtsamkeit beseitigte den Stress nicht vollständig aus seinem Leben. Es gab immer noch schwierige Tage, anspruchsvolle Deals und schwierige Gespräche. Aber die

Art und Weise, wie er mit diesen Stressoren umging, hatte sich grundlegend verändert. Er wurde nicht mehr von den turbulenten Wellen des Stresses hin und her geworfen; stattdessen hatte er gelernt, mit Anmut und Leichtigkeit auf ihnen zu surfen.

Durch die Praxis der Achtsamkeit entdeckte David einen tiefen Frieden in sich selbst. Es war ein Frieden, der nicht von äußeren Umständen abhängig war, sondern aus seinem inneren Wesen entsprang. Seine Geschichte ist ein kraftvolles Zeugnis für die transformative Kraft der Achtsamkeit und ihr Potenzial zur Stressbewältigung, ein Bereich, den wir im nächsten Unterabschnitt weiter erkunden werden.

7.2 Achtsamkeit und Stressbewältigung

Davids Reise von einem stressgeplagten Manager zu einer ruhigeren und präsenteren Person bietet ein aufschlussreiches Beispiel dafür, wie Achtsamkeit als wirksames Werkzeug zur Stressbewältigung genutzt werden kann.

Achtsamkeit, wie David entdeckte, ist keine mystische oder esoterische Praxis. Es handelt sich um eine einfache und praktische Technik, bei der wir unsere gegenwärtigen Erfahrungen mit Offenheit und Neugier wahrnehmen, ohne zu urteilen. Die Kraft der Achtsamkeit liegt in ihrer Fähigkeit, uns dazu zu bringen, unsere Erfahrungen, sowohl interne als auch externe, bewusster wahrzunehmen. Dies ermöglicht uns, uns mehr auf das Leben einzulassen und den Stress effektiver zu bewältigen.

Im Zusammenhang mit Stress wirkt Achtsamkeit auf verschiedene Weisen. Erstens erhöht sie unser Bewusstsein für Stressauslöser und -reaktionen. Genau wie David lernte, die körperlichen Anzeichen von Stress in seinem Körper zu erkennen, kann Achtsamkeit unsere Sensibilität für frühe Anzeichen von Stress erhöhen, was uns die Möglichkeit gibt, rechtzeitig einzugreifen, bevor sich der Stress verschlimmert.

Zweitens verändert Achtsamkeit unsere Beziehung zum Stress. Anstatt uns in stressigen Gedanken und Gefühlen zu verfangen, lernen wir, sie mit einer gewissen Distanz zu betrachten und sie als vorübergehende Ereignisse zu sehen, anstatt sie als bestimmende Aspekte unserer Identität anzusehen. Diese Veränderung der Perspektive kann die Intensität unserer Stressreaktion verringern und ein Gefühl der Ruhe fördern.

Darüber hinaus kann Achtsamkeit unsere Fähigkeit zur emotionalen Regulation verbessern, indem sie uns hilft, negative Emotionen, die mit Stress verbunden sind, zu bewältigen und zu reduzieren. Durch die Praxis von Achtsamkeit können wir eine nicht-wertende Haltung gegenüber unseren Erfahrungen entwickeln, was die Tendenz verringert, Situationen als 'gut' oder 'schlecht' zu bewerten. Diese objektive Beobachtung kann die Eskalation negativer Emotionen verhindern und einen ausgewogeneren emotionalen Zustand fördern.

Schließlich wurde gezeigt, dass Achtsamkeit verschiedene kognitive Funktionen verbessert, einschließlich Aufmerksamkeit, Fokus und Problemlösungsfähigkeiten, die alle durch chronischen Stress beeinträchtigt werden können. Diese kognitive Verbesserung kann ebenfalls zu einer effektiveren Stressbewältigung beitragen, indem sie unsere Fähigkeit verbessert, mit stressigen Situationen umzugehen.

Aber wie können wir Achtsamkeit zur Stressbewältigung praktizieren? Die von David genutzten Techniken wie achtsames Atmen, Body-Scan und achtsames Essen sind alle großartige Ausgangspunkte. Achtsamkeit kann auch in den Alltag integriert werden, zum Beispiel beim Gehen, Geschirrspülen oder sogar während der Arbeitspausen, genauso wie es David getan hat.

Die Praxis der Achtsamkeit, wie im Fall von David, verspricht kein Leben ohne Stress. Was sie jedoch bietet, ist eine effektivere Art und Weise, mit Stress umzugehen, eine Art und Weise, die Frieden, Ausgeglichenheit und allgemeines Wohlbefinden fördert. Wenn wir uns in den kommenden Kapiteln weiter mit anderen Stressbewältigungstechniken beschäftigen, sollten wir das Konzept der Achtsamkeit im Herzen behalten - als sanfte Erinnerung, präsent, engagiert und offen für die Erfahrungen zu bleiben, die das Leben uns bietet.

7.3 Atemtechniken für sofortige Ruhe

Nachdem wir erkundet haben, wie Achtsamkeit bei der Stressbewältigung hilfreich sein kann, wie in Davids Geschichte, ist es ebenso wichtig, uns mit praktischen Techniken auszustatten, die sofortige Erleichterung in stressigen Situationen bieten können. Eine solche Technik, bemerkenswert effektiv und immer zur Verfügung stehend, ist bewusstes Atmen.

Atmen ist der eingebaute Stresslöser des Körpers. Wenn wir gestresst sind, wird unser Atem tendenziell flach und schnell, ein Teil der "Kampf oder Flucht"-Reaktion des Körpers. Indem wir das Muster unseres Atems bewusst verändern, können wir diese Reaktion verlagern und unseren Körper in den Zustand der "Entspannung und Verdauung" führen - der natürlichen Entspannungsreaktion des Körpers. Bewusstes, tiefes Atmen kann dazu beitragen, Stress zu reduzieren, Entspannung zu fördern und die geistige Klarheit zu erhöhen.

Hier sind drei leicht zu praktizierende Atemtechniken, die für sofortige Ruhe angewendet werden können:

1. Zwerchfellatmung oder Bauchatmung: Diese Technik beinhaltet das tiefe Atmen in dein Zwerchfell anstatt flach in deine Brust. Setze dich bequem hin, schließe die Augen und lege eine Hand auf deinen Bauch und die andere auf deine Brust. Atme langsam durch die Nase ein, lasse dabei deinen Bauch aufsteigen, und atme aus, während er sich senkt. Ziel ist es, sechs bis zehn tiefe, langsame Atemzüge pro Minute für jeweils 10 Minuten pro Tag zu machen, um eine sofortige Verringerung der Herzfrequenz und des Blutdrucks zu erleben.

2. 4-7-8 Atmung: Diese Technik, auch bekannt als "entspannender Atem," beinhaltet das Einatmen für eine Zählung von 4, das Anhalten des Atems für eine Zählung von 7 und das Ausatmen für eine Zählung von 8. Setze dich gerade hin und lege die Zungenspitze gegen das Gewebe direkt hinter deinen oberen Schneidezähnen, halte sie während der gesamten

Übung dort. Führe diesen Zyklus für vier volle Atemzüge durch. Die 4-7-8 Atemtechnik kann helfen, Angstzustände zu reduzieren, den Schlaf zu fördern, Verlangen zu kontrollieren oder zu verringern und Wutreaktionen zu kontrollieren oder zu reduzieren.

3. Box Atmung: Diese Technik beinhaltet das Einatmen, das Anhalten des Atems, das Ausatmen und das erneute Anhalten vor dem nächsten Atemzug, alles für gleich lange Zählungen, die die vier "Seiten" der Box bilden. Das Visualisieren der Box während der Übung kann eine wertvolle Ebene der Achtsamkeit hinzufügen.

Obwohl diese Atemtechniken sofortige Erleichterung bieten können, ist es wichtig, daran zu denken, dass sie keine einmalige Lösung sind, sondern Werkzeuge, die am effektivsten sind, wenn sie regelmäßig angewendet werden, ähnlich wie körperliche Bewegung. In Bezug darauf wird das nächste Kapitel tiefer in die bedeutende Verbindung zwischen körperlicher Aktivität und Stress eintauchen. Während David begann, Achtsamkeit in sein tägliches Leben zu integrieren, entdeckte er auch die starke Wirkung körperlicher Bewegung bei der Regulation seiner Stresslevel - ein Thema, das wir in unserem folgenden Kapitel "Die Wellen reiten - Körperliche Aktivität und Stress" ausführlich erkunden werden.

Kapitel 8: Die Wellen reiten - Körperliche Aktivität und Stress

8.1 Anna's Erleichterung durch das Laufen

Annas Leben, ähnlich wie das vieler anderer, war ein komplexes Geflecht von Herausforderungen, durchsetzt von kleinen Momenten der Ruhe. Als alleinerziehende Mutter und Lehrerin an einer High School war sie in einen Wirbelwind von Verantwortlichkeiten verstrickt, der ihr kaum Zeit ließ, an sich selbst zu denken. Ihre Stresslevel stiegen, und sie konnte spüren, wie es sich um sie zusammenzog. Aber Anna war eine Kämpferin, sie wusste, dass sich etwas ändern musste, und es änderte sich auch.

Eines Morgens, als sie ihren Sohn zur Schule schickte, beschloss sie, um den Block zu spazieren, in der Hoffnung, dass die frische Luft ihren Kopf klären würde. Auf halbem Weg um den Block geschah etwas Seltsames. Anna begann zu joggen, dann zu rennen. Sie wusste nicht warum, aber es fühlte sich... befreiend an. Anna, die nie mehr als einem Bus nachgelaufen war, fand in dieser einfachen Handlung eine neue Art der Entlastung. Der Rhythmus ihrer Füße auf dem Asphalt, der Wind in ihrem Gesicht, das Pumpen ihres Herzens - es war, als ob sie mit jedem Schritt eine Schicht ihres Stresses ablegte.

Anna wusste es damals nicht, aber sie hatte ein mächtiges Werkzeug zur Stressbewältigung entdeckt - das Laufen. Sie machte es sich zur Gewohnheit, jeden Tag zu laufen, integrierte es in ihre Routine und priorisierte es. An Tagen, an denen sie lief, fühlte sie sich ruhiger, fähig, allem zu begegnen, was das Leben ihr entgegenwarf. Sie stellte fest, dass das Laufen ihr Raum bot, um sich von ihren Sorgen zu lösen, ihre Gedanken zu verarbeiten und mit einem klareren, ruhigeren Geist zurückzukehren.

Mehr als nur eine Übung wurde das Laufen für Anna zu einem therapeutischen Ritual, einer dringend benötigten Pause in ihrem ständig rastenden Leben. Während sie lief, verschwand ihr Stress nicht, aber er fühlte sich beherrschbarer an. Sie erkannte, dass sie die Anzahl der Verantwortlichkeiten oder Herausforderungen, die auf sie zukamen, nicht kontrollieren konnte, aber sie konnte kontrollieren, wie sie darauf reagierte. Die Macht, entdeckte sie, lag in ihren Händen oder vielleicht genauer gesagt, in ihren Beinen.

Die Veränderung bei Anna war spürbar. Nicht nur ihre körperliche Gesundheit verbesserte sich, sondern auch ihr seelisches Wohlbefinden erfuhr eine Aufwärtsbewegung. Sie wurde geduldiger mit ihren Schülern, präsenter mit ihrem Sohn und fand mehr Frieden mit sich selbst. Sie hatte nicht nur angefangen zu laufen; sie hatte angefangen zu leben.

Annas Geschichte ist ein Beweis für die Kraft körperlicher Aktivität bei der Bewältigung von Stress. Sie unterstreicht eine Lektion, die wir auf unserer Reise in diesem Buch entdeckt haben - dass Stress ein Teil des Lebens ist, aber er muss nicht unser Leben beherrschen. Ganz wie Anna können wir alle unsere eigenen Wege finden, um vor dem Stress "davonzulaufen" und dabei auf ein gesünderes und glücklicheres Leben zuzulaufen.

Während wir uns in das Kapitel "Die Wellen reiten - Körperliche Aktivität und Stress" vertiefen, werden wir mehr über das Zusammenspiel von Bewegung und Stress erfahren und wie man körperliche Aktivitäten als proaktive Strategie zur Stressbewältigung nutzen kann. Es geht nicht nur ums Laufen; es geht darum, sich zu bewegen, den Stress abzuschütteln und Platz für Gelassenheit zu schaffen - einen Schritt nach dem anderen.

8.2 Die Auswirkungen von Bewegung auf Stress

Während wir uns durch die Landschaft des Stressmanagements bewegen, beginnen wir die vielschichtige Natur der verfügbaren Strategien zu verstehen. Eine solche Strategie ist körperliche Aktivität, ein kraftvolles und oft unterschätztes Werkzeug im Kampf gegen Stress, wie wir es in Annas Geschichte beobachtet haben.

In Annas Fall diente das Laufen als Bewältigungsmechanismus, eine Möglichkeit, ihren Geist abzulenken und ihre Energie in etwas Produktives und Befreiendes zu lenken. Doch die Auswirkungen von Bewegung auf Stress gehen weit über die Ablenkung hinaus.

Schauen wir uns genauer an, was passiert, wenn wir körperlich aktiv sind. Bewegung löst die Produktion von Endorphinen in unserem Körper aus. Das sind Neurotransmitter, oft als die körpereigenen "Wohlfühlhormone" bekannt, die zu einem Gefühl des Wohlbefindens und sogar der Euphorie beitragen - im Fall von Aktivitäten wie Joggen häufig als "Runner's High" bezeichnet.

Gleichzeitig bewirkt Bewegung auch eine Verringerung der Stresshormone wie Cortisol und Adrenalin. Als Folge kann regelmäßige körperliche Aktivität dazu beitragen, ein gesünderes hormonelles Gleichgewicht in unserem Körper aufrechtzuerhalten und somit die potenziell schädlichen Auswirkungen von chronischem Stress in Schach zu halten.

Körperliche Aktivität fördert auch einen besseren Schlaf, ein wesentlicher Aspekt, der oft durch chronischen Stress gestört wird. Wenn wir uns bewegen, erfährt unser Körper körperliche Ermüdung, was zu einem tieferen und erholsameren Schlaf beitragen kann. Ausreichender Schlaf ist wichtig für die Erholung und den Aufbau von Widerstandsfähigkeit in unserem Körper, was uns weiter gegen die Auswirkungen von Stress stärkt.

Die Vorteile von Bewegung gehen auch über den physischen Bereich hinaus. Regelmäßige körperliche Aktivität kann ein Gefühl der Erfüllung fördern, uns das Gefühl geben, Kontrolle über unseren Körper und damit über unser Leben zu haben. Dieser mentale Aspekt, dieses Gefühl, die Kontrolle zurückzugewinnen, ist entscheidend für die Veränderung unserer Stresserzählung, ganz ähnlich wie bei Anna, die sich zunehmend fähig fühlte, mit den Herausforderungen des Lebens umzugehen.

Und nicht zuletzt kann Bewegung eine gemeinschaftliche Aktivität sein und somit eine Möglichkeit bieten, soziale Interaktion und Gemeinschaft aufzubauen. Dem Beitritt zu einem Laufclub, einem Tanzkurs oder einfach dem Spazierengehen mit Freunden kann ein

Gefühl der Zugehörigkeit und emotionale Unterstützung bringen, was Schlüsselelemente für das Bewältigen und Mildern von Stress sind.

Wie wir in früheren Kapiteln gelernt haben, ist Stress ein komplexes Phänomen, aber zu verstehen, wie man Werkzeuge wie körperliche Aktivität zu unserem Vorteil nutzen kann, kann einen erheblichen Unterschied machen. Bewegung in all ihren Formen hat das Potenzial, eine starke Verteidigungslinie gegen Stress darzustellen und uns dabei zu unterstützen, unsere persönlichen Stürme zu bewältigen.

Also, ob es das Laufen wie bei Anna ist, Tanzen, Schwimmen oder Yoga - das Ziel ist es, eine Form der körperlichen Aktivität zu finden, die uns Spaß macht und die wir beibehalten können. Es geht nicht um die Intensität; es geht um die Kontinuität und die Verpflichtung uns selbst gegenüber. Denken Sie daran, jeder Schritt ist ein Schritt zu einem besseren Stressmanagement und insgesamt zu mehr Wohlbefinden.

8.3 Ein Übungsplan für Stressabbau erstellen

Nachdem wir ein klares Verständnis für die vorteilhafte Wirkung von Bewegung auf das Stressmanagement gewonnen haben, wie wir es in Annas Laufgeschichte erlebt haben, ist der nächste Schritt die Erstellung eines Übungsplans, der auf unsere individuellen Bedürfnisse und Umstände zugeschnitten ist. Die Gestaltung eines solchen Plans erfordert sorgfältige Berücksichtigung verschiedener Faktoren, die alle darauf abzielen, Kontinuität zu fördern und Überlastung zu vermeiden.

Einer der wichtigsten Faktoren bei der Erstellung eines effektiven Übungsplans besteht darin, eine Aktivität auszuwählen, die Ihnen wirklich Freude bereitet. Es gibt keine "Einheitslösung", wenn es um Bewegung geht. Die Möglichkeiten sind nahezu grenzenlos, von Laufen oder Radfahren, wie Anna es wählte, bis hin zu Gewichtheben, Yoga oder sogar Tanzen.

Beginnen Sie damit, verschiedene Arten von körperlicher Aktivität auszuprobieren und festzustellen, wie Sie sich während und nach dem Training fühlen. Denken Sie daran, dass das ultimative Ziel darin besteht, Stress abzubauen, nicht ihn zu verstärken. Wenn die Übung sich wie eine Pflicht anfühlt oder körperliche Beschwerden verursacht, ist sie möglicherweise nicht die beste Wahl für Sie.

Sobald Sie Ihre bevorzugte Form der Bewegung gefunden haben, sollten Sie Ihren Zeitplan berücksichtigen. Der beste Übungsplan ist einer, der nahtlos in Ihre tägliche Routine integriert werden kann. Ob es ein früher Morgenlauf, ein Spaziergang zur Mittagszeit oder eine Abendsitzung mit Yoga ist, stellen Sie sicher, dass die Zeitplanung zu Ihrem Lebensstil passt.

Das Setzen realistischer und erreichbarer Ziele ist ein weiterer wesentlicher Aspekt bei der Erstellung eines effektiven Plans. Denken Sie daran, dass es nicht darum geht, Weltrekorde aufzustellen oder Ihr Körperbild drastisch zu verändern; es geht um Stressabbau. Ihre Ziele könnten so einfach sein wie "täglich 30 Minuten lang trainieren" oder "eine volle Meile ohne Unterbrechung laufen".

Darüber hinaus ist die Kontinuität wertvoller als die Intensität bei einem Übungsplan für Stressabbau. Hochintensive Workouts mögen verlockend erscheinen, können aber auch zu Überlastung oder Verletzungen führen, wenn sie nicht richtig gehandhabt werden.

Schließlich sollten Sie flexibel und nachsichtig mit sich selbst sein. Es wird Tage geben, an denen das Leben dazwischenkommt und Sie Ihren Plan nicht einhalten können. Anstatt dies als Misserfolg zu betrachten, sehen Sie es als Gelegenheit, auf Ihren Körper zu hören und ihm die Ruhe zu geben, die er braucht.

In unserem nächsten Kapitel, "Das Auge des Sturms - Fokus auf Selbstfürsorge", werden wir tiefer in das Konzept der Selbstfürsorge und ihre wichtige Rolle im Stressmanagement eintauchen. Genauso wie das Zentrum eines Hurrikans überraschend ruhig im Vergleich zum umgebenden Chaos ist, kann die Priorisierung der Selbstfürsorge inmitten der Stürme des Lebens ein Gefühl von Ruhe und Gelassenheit bringen. Wie wir durch Annas Geschichte erfahren haben, ist Bewegung ein wichtiger Teil der Selbstfürsorge, aber es ist nur ein Teil des Puzzles.

Mit Ihrem neu gewonnenen Verständnis dafür, wie Sie einen Übungsplan für Stressabbau erstellen können, sind Sie gut gerüstet, um die nächsten Schritte auf Ihrer Reise zu einem effektiven Stressmanagement zu unternehmen. Denken Sie daran, es geht um Fortschritt, nicht um Perfektion, und jeder Schritt nach vorn ist ein Sieg für sich.

Kapitel 9: Das Auge des Hurrikans - Fokus auf Selbstfürsorge

9.1 Jacks Erkenntnis zur Selbstfürsorge

Jack, ein engagierter Familienvater und fleißiger Buchhalter, war immer stolz auf seine unbeugsame Entschlossenheit und Belastbarkeit. Sein Leben war ein Balanceakt, er jonglierte mit Arbeit, familiären Verpflichtungen und einem intensiven Sozialleben. Sein Kalender war voll mit Terminen, Fristen und Verpflichtungen, jede Minute war geplant, um die Produktivität zu maximieren. Doch trotz seiner besten Bemühungen war Jack ständig gestresst.

Sein Weckruf kam in Form eines geringfügigen gesundheitlichen Vorfalls, einer Episode von Herzrasen, die ihn in die Notaufnahme brachte. Die Untersuchungen ergaben, dass es ihm gut ging, aber das Ereignis erinnerte ihn eindringlich an seine eigene Sterblichkeit. Der Arzt, besorgt über seine hohen Stresspegel, empfahl Jack, einige Selbstfürsorgepraktiken zu übernehmen.

Anfangs war Jack zögerlich. Der Begriff "Selbstfürsorge" klang seinen arbeitsverhärteten Ohren zu selbstverwöhnt. Er spottete über die Idee, Zeit für sich selbst zu nehmen. Aber sein jüngster Gesundheitsvorfall hatte ihn erschüttert, und er beschloss, Selbstfürsorge eine Chance zu geben.

Jack begann seine Selbstfürsorge-Reise mit kleinen Schritten. Er begann damit, dreißig Minuten jeden Tag für sich selbst freizuhalten, eine "Oase-Zeit", in der er sich von seinen Verpflichtungen abkoppelte und sich auf sein Wohlbefinden konzentrierte. Seine ersten Versuche waren unbeholfen und oft von Schuldgefühlen begleitet. Doch während die Tage vergingen, bemerkte Jack eine interessante Veränderung. Er fühlte sich weniger überfordert, ruhiger und überraschenderweise sogar produktiver.

Als Nächstes versuchte Jack, Meditation in seine Routine zu integrieren, nachdem er von ihren stressreduzierenden Vorteilen gelesen hatte. Er lud eine Meditations-App herunter und begann jeden Morgen zu üben. Die ersten paar Sitzungen waren schwierig, aber bald merkte er, dass die ruhigen Momente der Besinnung etwas waren, auf die er sich jeden Tag freute.

Dann widmete er sich seiner Ernährung, die größtenteils aus Essen zum Mitnehmen und Fastfood bestand. Jack begann, einfache, gesunde Mahlzeiten zu Hause zu kochen und entdeckte die therapeutischen Vorteile des Kochens. Diese einfache Handlung, sich selbst zu ernähren, ließ ihn sich verbunden fühlen und die Kontrolle über seine Gesundheit zurückgewinnen.

Vielleicht war die am meisten transformative Veränderung, als Jack begann, "Nein" zu sagen. Nein zu zusätzlicher Arbeit, die nicht seine Verantwortung war, nein zu sozialen Verpflichtungen, wenn er Ruhe brauchte, und nein zu dem ständigen Druck, den er auf sich selbst ausübte, perfekt zu sein. Es war nicht einfach, aber es war vielleicht das befreiendste, was er je getan hatte.

Jacks Reise zur Selbstfürsorge war eine Offenbarung. Weit davon entfernt, selbstsüchtig zu sein, erkannte er, dass es notwendig war, sich um seine eigenen Bedürfnisse zu kümmern, um seine Gesundheit und sein Glück aufrechtzuerhalten. Es war, als ob er das ruhige Auge im Sturm entdeckt hatte. Trotz des Chaos, das um ihn herumtobte, fand Jack, dass er seine Gelassenheit bewahren konnte, indem er seine Selbstfürsorge priorisierte.

Jacks Geschichte erinnert uns eindringlich daran, dass Selbstfürsorge keine Selbstverwöhnung, sondern eine Notwendigkeit ist. Während wir in unserem nächsten Kapitel weiterhin die Selbstfürsorge erforschen, denken Sie an Jacks Offenbarung. Wahre Belastbarkeit kommt nicht davon, Stress standzuhalten, sondern davon, sich selbst mitten im Sturm zu kümmern.

9.2 Die Bedeutung von Selbstfürsorge in der Stressbewältigung

Inmitten des Wirbels unserer täglichen Leben, wie bei Jack, ist es leicht, Selbstfürsorge zu vernachlässigen. Wir mögen es als Luxus oder als etwas ansehen, das wir in unseren vollen Zeitplänen unterbringen, wenn es die Zeit erlaubt. Doch wie Jack herausfand, ist Selbstfürsorge in der Stressbewältigung eine Notwendigkeit, kein Luxus.

Selbstfürsorge bedeutet, proaktiv Schritte zu unternehmen, um physische, mentale und emotionale Gesundheit zu fördern. Es geht darum, sicherzustellen, dass wir unser Bestes geben können, um den Herausforderungen des Lebens zu begegnen, anstatt nur auf Stressoren zu reagieren, wenn sie auftreten. Es ist ein aktiver Prozess, uns selbst zu kennen, unsere Bedürfnisse zu erkennen und bewusste Entscheidungen zu treffen, um diese Bedürfnisse zu erfüllen.

In Jacks Reise war ein entscheidender Aspekt seiner Selbstfürsorge-Routine, sich "Oase-Zeit" zu gönnen. Diese kleine Handlung, jeden Tag eine bestimmte Zeit für sein Wohlbefinden einzuplanen, hatte eine tiefgreifende Wirkung. Ebenso ist es wichtig zu verstehen, dass Selbstfürsorge nicht unbedingt bedeutet, großartige Gesten zu unternehmen. Oft sind es die kleinen Akte der Fürsorge, die den größten Unterschied machen.

Indem wir Zeit für Aktivitäten widmen, die uns erfrischen, geben wir unseren Körpern und Köpfen dringend benötigte Pause von Stressoren. Das kann körperliche Aktivität, ein geliebtes Hobby oder auch nur einige ruhige Momente der Einsamkeit beinhalten. Es könnte so einfach sein wie ein Spaziergang im Park, ein Buch zu lesen oder eine Tasse Tee zu genießen. Der Schlüssel liegt darin, sich in Aktivitäten zu engagieren, die uns berühren und Freude bringen.

Ähnlich wie bei Jack kann auch die Integration von Meditation in unsere Routinen für Stressabbau sehr vorteilhaft sein. Meditation bietet uns Raum, innezuhalten, zu atmen und uns mit unserem Inneren zu verbinden. Sie hilft dabei, die Konzentration zu verbessern, eine ruhige Gelassenheit zu entwickeln und das allgemeine mentale Wohlbefinden zu fördern.

Die Pflege unserer körperlichen Gesundheit ist ebenfalls ein wichtiger Teil der Selbstfürsorge. Für Jack bedeutete dies, bewusste Ernährungsumstellungen vorzunehmen. Eine ausgewogene Ernährung gewährleistet nicht nur eine optimale Funktionsweise unseres Körpers, sondern steigert auch unsere Stimmung und Energie. Eine nahrhafte Mahlzeit kann die Energie liefern, die wir benötigen, um den physischen Auswirkungen von Stress entgegenzuwirken.

Jacks stärkste und befähigende Selbstfürsorge war das Erlernen des "Nein"-Sagens. In unserem Bestreben, produktiv zu sein oder gesellschaftlichen Erwartungen gerecht zu werden, übernehmen wir oft zu viele Verpflichtungen, was zu Burnout führen kann. Das Erlernen von Grenzen, eine bessere Zeitplanung und die Priorisierung unserer Aufgaben können helfen, unnötigen Stress zu vermeiden.

Zusammenfassend geht es bei Selbstfürsorge darum, eine gesündere Beziehung zu uns selbst zu entwickeln. Es geht darum, unser Wohlbefinden wertzuschätzen und es zur Priorität zu machen. Während wir uns in den folgenden Kapiteln intensiver mit Selbstfürsorgepraktiken beschäftigen, behalten wir Jacks Offenbarung im Hinterkopf: Selbstfürsorge anzunehmen ist keine selbstsüchtige Handlung, sondern ein wichtiges Werkzeug in unserer Stressbewältigungsstrategie.

9.3 Eine Selbstfürsorge-Routine erstellen

Eine Selbstfürsorge-Routine aufzubauen, wie wir es von Jack gelernt haben, ist eine wichtige und aktive Entscheidung, um unsere mentale, physische und emotionale Gesundheit zu priorisieren. Mit unseren immer beschäftigten Zeitplänen und dem ständigen Trubel des Alltags ist es leicht, den Wert dieser Routinen zu übersehen. Doch während wir diese Reise beginnen, sollte der Schwerpunkt nicht darauf liegen, eine perfekte, starre Routine zu schaffen, sondern Gewohnheiten zu bilden, die uns erfrischt fühlen lassen und bereit sind, die Welt zu meistern.

Einer der ersten Schritte bei der Erstellung einer Selbstfürsorge-Routine ist die Anerkennung unserer einzigartigen Bedürfnisse und Vorlieben. Dieser Prozess ist sehr individuell und kann von Person zu Person stark variieren. Was für eine Person Frieden und Ausgeglichenheit bringt, mag für eine andere nicht dasselbe tun. Das könnte bedeuten, sich körperlichen Aktivitäten wie Yoga oder Laufen zu widmen, ein Hobby zu verfolgen oder einfach Zeit damit zu verbringen, ein Buch zu lesen oder eine Tasse Kaffee in Stille zu genießen.

Als nächstes sollten wir die verschiedenen Bereiche der Selbstfürsorge in Betracht ziehen: körperlich, emotional, sozial, spirituell und intellektuell. Bei der Erstellung einer ganzheitlichen Selbstfürsorge-Routine ist es wichtig, Praktiken zu integrieren, die auf jeden dieser Bereiche eingehen. Zum Beispiel könnte körperliche Selbstfürsorge regelmäßige Bewegung, ausreichend Schlaf und achtsames Essen beinhalten. Emotionale Selbstfürsorge könnte das Führen eines Tagebuchs, Therapie oder Stressbewältigungstechniken wie Meditation oder Atemübungen umfassen.

Eine erfolgreiche Selbstfürsorge-Routine erfordert auch Kontinuität. Das Ziel sollte sein, diese Selbstfürsorge-Handlungen in den Alltag zu integrieren, damit sie zu Gewohnheiten werden und nicht nur einmalige Ereignisse bleiben. Das Festlegen bestimmter Zeiten für Selbstfürsorge jeden Tag kann dazu beitragen, diese Kontinuität aufrechtzuerhalten. Selbst wenn es nur ein paar Minuten pro Tag sind, kann dies im Laufe der Zeit einen bedeutenden Unterschied machen.

Denken Sie daran, es ist in Ordnung, klein anzufangen. Sie müssen nicht sofort Ihre gesamte Routine umstellen. Sie könnten damit beginnen, eine neue Selbstfürsorge-Gewohnheit nach der anderen zu implementieren und Ihre Routine mit Ihnen wachsen zu lassen.

Ein Schlüsselaspekt der Selbstfürsorge, wie Jack gelernt hat, ist das Setzen von Grenzen. Dazu gehört auch, "Nein" zu sagen, wenn es notwendig ist, und Aufgaben zu priorisieren, die wirklich wichtig sind. Diese Grenzen zu setzen kann dazu beitragen, Burnout zu verhindern und ein gesünderes Gleichgewicht zwischen Ihrem persönlichen und beruflichen Leben zu schaffen.

Ein weiterer wichtiger Bestandteil einer Selbstfürsorge-Routine ist eine angemessene Ernährung. Dies wird im Fokus unseres nächsten Kapitels stehen: "Schutz vor dem Sturm - Die Rolle einer gesunden Ernährung." Während wir voranschreiten, denken Sie daran, dass Selbstfürsorge nicht nur darum geht, mit Stress umzugehen, sondern Resilienz gegen zukünftige Stressoren aufzubauen. Es geht darum, uns selbst zu ermächtigen, die Stürme des Lebens mit Selbstvertrauen und Anmut zu meistern.

Kapitel 10: Schutzraum im Sturm – Die Rolle einer gesunden Ernährung

10.1 Lucys Veränderung durch Ernährung

Lucy arbeitete als Operationsmanagerin in einem geschäftigen Startup. Eine herausfordernde Rolle, aber sie liebte den Nervenkitzel daran. Doch der anspruchsvolle Job wirkte sich negativ auf ihre Essgewohnheiten aus. Das Greifen nach dem, was gerade bequem war - meist Fast Food oder süße Snacks - wurde zur Norm. Ihre Stresspegel waren konstant hoch, und sie bemerkte, dass ihre Energie und Konzentration nachließen.

Eines Tages, während einer hitzigen Besprechung, fühlte sie plötzlich Schwindel und Verwirrung. Lucy hatte schon zuvor Panikattacken erlebt, aber diesmal war es anders. Die starke Erschöpfung, die folgte, führte sie zum Arzt, der bestätigte, was sie befürchtet hatte: chronischer Stress.

Wie wir in Kapitel 8 gelernt haben, besteht eine wechselseitige Beziehung zwischen Stress und Gesundheit, wobei jeder den anderen beeinflusst. Der Arzt schlug vor, dass Lucys ungesunde Ernährung ihren Stress verstärkte und umgekehrt der Stress sie dazu brachte, schlechte Lebensmittelentscheidungen zu treffen - ein Teufelskreis. Er empfahl eine komplette Ernährungsumstellung neben anderen Stressbewältigungstechniken.

Lucy war skeptisch. Könnte Essen wirklich einen so tiefgreifenden Einfluss auf den Stress haben? Aber sie beschloss, es auszuprobieren. Sie fing klein an, ersetzte ihre Nachmittagsschokoriegel durch ein Stück Obst. Sie begann, Mahlzeiten zu planen und sich auf Vollkornprodukte, mageres Eiweiß, Obst und Gemüse zu konzentrieren.

Die ersten Wochen waren hart. Fast Food und verarbeitete Snacks hatten sie in stressigen Zeiten getröstet. Jetzt musste sie sie durch anfangs weniger tröstliche Alternativen ersetzen. Aber sie hielt durch.

Nach einem Monat bemerkte sie eine Veränderung. Ihre Energielevels waren besser, und sie war konzentrierter bei der Arbeit. Ihre Stimmungsschwankungen waren ausgeglichener, und sie war besser gerüstet, um mit den Belastungen des Tages umzugehen. Je mehr sie die Vorteile spürte, desto engagierter wurde sie für diesen neuen Lebensstil.

Der wahre Prüfstein kam drei Monate später, als ihr Unternehmen vor einer bedeutenden Krise stand. Es war die Art von Situation, die sie zuvor in Angst und Stressessen gestürzt hätte. Diesmal jedoch war sie überrascht, festzustellen, dass sie besser damit umging. Ihr Geist war klar, ihre Reaktionen maßvoll. Sie bewältigte die Krise mit einer Widerstandsfähigkeit, die sie nicht für möglich gehalten hätte. Es war ihre Ernährung, die ihr die Energie gab, um den Sturm effizient zu bewältigen.

Lucys Geschichte verdeutlicht die tiefgreifende Wirkung, die eine ausgewogene Ernährung auf den Umgang mit Stress haben kann. Ernährung, oft vernachlässigt, wurde zu Lucys

Schutzraum vor dem Sturm, der sie schützte und ihre Widerstandsfähigkeit im täglichen Arbeitslebenstumult erhöhte. Es erforderte einen anfänglichen Sprung des Glaubens, aber die Transformation, die sie erlebte, übertraf ihre Erwartungen.

Während wir in das nächste Kapitel "Schutzraum vor dem Sturm - Die Rolle einer gesunden Ernährung" eintauchen, denken Sie an Lucys Reise. Es ist ein Zeugnis dafür, wie die Nahrung, die wir zu uns nehmen, entweder unseren Stress verstärken oder ein wirksames Werkzeug in unserer Stressbewältigung werden kann.

10.2 Das Verständnis der Verbindung zwischen Ernährung und Stress

Lucys Reise zu einem gesünderen Leben dient als idealer Einstieg, um die tiefgreifende Verbindung zwischen Ernährung und Stress zu verstehen. Oft unterschätzt, ist diese Beziehung entscheidend für das umfassende Management von Stress. So wie Lucy es erlebt hat, können Veränderungen unserer Essgewohnheiten Stress entweder mildern oder verschlimmern und dadurch unser allgemeines Wohlbefinden beeinflussen.

Aus biologischer Sicht reagieren unsere Körper auf Stress, indem sie Hormone wie Cortisol und Adrenalin freisetzen. Diese Hormone bereiten unseren Körper auf die Kampf- oder Fluchtreaktion vor, einen evolutionär bewahrten Mechanismus, um unmittelbare Bedrohungen zu bewältigen. Chronischer Stress führt jedoch zu einer anhaltenden Freisetzung dieser Hormone, was zu schädlichen Auswirkungen wie Fettleibigkeit, Herzkrankheiten und Diabetes führen kann.

Die Ernährung spielt eine entscheidende Rolle in diesem Kreislauf. Wenn wir gestresst sind, neigen viele von uns, wie Lucy anfangs, zu "Comfort Food" - Lebensmitteln, die reich an Zucker, Fett und Salz sind. Der Konsum solcher Lebensmittel löst die Freisetzung von Dopamin aus, einem Neurotransmitter, der uns vorübergehend ein gutes Gefühl verleiht. Es ist der Versuch unseres Körpers, dem Stress entgegenzuwirken. Die Erleichterung ist jedoch flüchtig, und langfristig tragen solche Lebensmittel zur Gewichtszunahme und zu gesundheitlichen Komplikationen bei, was die Belastung durch Stress erhöht.

Im Gegensatz dazu kann eine ausgewogene Ernährung dazu beitragen, die hormonelle Reaktion auf Stress zu regulieren. Bestimmte Nährstoffe haben gezeigt, dass sie die Cortisolspiegel senken und die physiologische Stressreaktion mildern können. Lebensmittel, die reich an Omega-3-Fettsäuren sind, wie Fisch, Leinsamen und Walnüsse, sind bekannt dafür, Entzündungen zu reduzieren und die Gehirngesundheit zu fördern, was zu einer verbesserten Stimmung und kognitiven Funktion führt.

Ebenso helfen Lebensmittel, die reich an Magnesium sind, wie Spinat, Nüsse und Vollkornprodukte, das Nervensystem zu regulieren und Stresssymptome wie Angst und Schlaflosigkeit zu reduzieren. Antioxidansreiche Früchte und Gemüse schützen unsere Zellen vor Schäden durch Stress verursachte freie Radikale. Selbst einfache Hydration mit ausreichender Wasseraufnahme kann unsere Stimmung und Energie beeinflussen.

Wie Lucy entdeckt hat, wirkt eine ausgewogene Ernährung wie Treibstoff und versorgt den Körper mit den notwendigen Werkzeugen, um Stress effektiv zu bewältigen. Es mag Stressoren nicht beseitigen, aber es kann sicherlich unsere körperliche Reaktion darauf verändern. Die Veränderungen müssen nicht drastisch sein - kleine, konsequente Anpassungen wie der Ersatz von verarbeiteten Snacks durch frisches Obst oder das Trinken von mehr Wasser können einen langen Weg gehen.

Die Beziehung zwischen Ernährung und Stress ist zyklisch. Unsere Ernährung beeinflusst unsere Stresspegel, und unsere Stresspegel wirken sich auf unsere Essgewohnheiten aus. Diesen Kreislauf zu durchbrechen, wie es Lucy getan hat, erfordert Verständnis und Handeln.

Während wir in das nächste Unterkapitel eintauchen, das die Rolle der Ernährung im Stressmanagement näher betrachtet, behalten Sie im Hinterkopf, dass eine ausgewogene Ernährung viel mehr ist als nur körperliche Nahrung. Sie ist ein Eckpfeiler für geistiges und emotionales Wohlbefinden, ein Schutzschild gegen den Sturm des chronischen Stresses.

10.3 Eine stressabbauende Ernährung aufbauen

Nachdem wir verstanden haben, welche Rolle die Ernährung bei der Stressbewältigung spielt, wie wir es anhand von Lucys Veränderung gelernt haben, richten wir jetzt unseren Fokus darauf, dieses Wissen praktisch anzuwenden. Eine stressabbauende Ernährung, ähnlich wie die, die Lucy entwickelt hat, ist erreichbar und kann zu einem integralen Bestandteil Ihrer Stressbewältigungsstrategie werden. Während wir unsere Reise zur Minderung der Auswirkungen von Stress fortsetzen, dürfen wir die Kraft des Tellers nicht übersehen.

Zunächst sollten Lebensmittel mit komplexen Kohlenhydraten wie Vollkornprodukte, Gemüse und Obst in Ihre Ernährung integriert werden. Sie helfen, den Blutzuckerspiegel zu stabilisieren und Stimmungsschwankungen zu verhindern. Diese Lebensmittel geben langsam Glukose in den Blutkreislauf ab, was Ihnen hilft, sich zufrieden und ruhig zu fühlen. Erinnern Sie sich an Lucys Umstellung von Weißbrot auf Vollkorn? Das war ein Schritt in diese Richtung.

Zweitens sollten Sie eine gesunde Portion Proteine in Ihre Ernährung aufnehmen. Proteine enthalten Aminosäuren, die die Produktion von Neurotransmittern im Gehirn beeinflussen. Lebensmittel wie Fisch, Truthahn, Huhn, Hüttenkäse, Nüsse, Samen und Hülsenfrüchte können Ihre Stimmung verbessern und Ihren Geist wachhalten.

Vergessen Sie nicht die gesunden Fette. Omega 3 Fettsäuren, die in fettem Fisch wie Lachs, Makrele und Thunfisch sowie in Leinsamen und Walnüssen enthalten sind, helfen, Entzündungen zu reduzieren und die Gehirngesundheit zu fördern, wie wir bereits erwähnt haben. Sie sind mit geringeren Raten von Depressionen und Angstzuständen verbunden und unterstützen Ihren Kampf gegen Stress.

Als Nächstes sollten Sie mehr Obst und Gemüse in Ihre Ernährung integrieren. Sie sind eine reichhaltige Quelle von Antioxidantien und Vitaminen, die der oxidativen Belastung durch freie Radikale entgegenwirken. Wenn Sie eine Vielfalt an Obst und Gemüse in allen Farben essen, stellen Sie sicher, dass Sie von diesen vorteilhaften Verbindungen profitieren.

Auch die Flüssigkeitszufuhr ist wichtig. Dehydration kann zu Müdigkeit und Spannungen führen, daher ist es wichtig, den ganzen Tag über ausreichend Wasser zu trinken. Sie können auch Kräutertees in Betracht ziehen, die beruhigende Eigenschaften haben und als entspannendes Ritual dienen können.

Schließlich sollten wir nicht vergessen, dass das Vermeiden bestimmter Lebensmittel genauso wichtig ist wie die Aufnahme bestimmter Lebensmittel in unsere Ernährung. Begrenzen Sie Ihren Konsum von Koffein und Alkohol, da beides den Schlaf beeinträchtigen und Gefühle von Angst und Stress verstärken kann. Ebenso können eine Reduzierung von Zucker und verarbeiteten Lebensmitteln Blutzuckerspitzen und -abstürze verhindern, die Stressreaktionen auslösen können.

Eine stressabbauende Ernährung aufzubauen, bedeutet nicht, sich strengen Beschränkungen oder radikalen Veränderungen zu unterwerfen. Stattdessen geht es darum, allmähliche Anpassungen vorzunehmen, um mehr nährstoffreiche Lebensmittel in Ihre Ernährung aufzunehmen, die Ihre Körperreaktion auf Stress unterstützen. Wie wir in Lucys Reise beobachtet haben, ergänzen Veränderungen in ihrer Ernährung andere Strategien in ihrem Werkzeugkasten zur Stressbewältigung und bieten einen ganzheitlicheren Ansatz.

Während wir in das nächste Kapitel "Die Stürme aussitzen – Professionelle Hilfe suchen" übergehen, ist es wichtig anzuerkennen, dass eine ausgewogene Ernährung, Bewegung, Selbstfürsorge und die Umgestaltung unserer Stresserlebnisse zwar wesentliche Bestandteile der Stressbewältigung sind, aber nicht immer ausreichend. Professionelle Hilfe kann oft dringend benötigte Anleitung und Unterstützung bieten. Genauso wie wir nicht erwarten, jede Mahlzeit perfekt zuzubereiten, sollten wir nicht erwarten, jede Stresssituation alleine zu meistern. Das Erkennen dieser Tatsache ist ein wichtiger Teil der Reise.

Kapitel 11: Den Sturm überstehen – Professionelle Hilfe suchen

11.1 Mikes Reise zur professionellen Unterstützung

Mike war ein Mann mit tausend Verpflichtungen, oder so schien es zumindest. Sein Tagesablauf war ein Puzzle aus Aufgaben, Familienzeit, Arbeitsprojekten und einem Hauch von Selbstfürsorge. Von außen betrachtet, wirkte er wie das Bild der Effizienz. Seine Kollegen bewunderten seine Fähigkeit, alles im Griff zu behalten, und seine Freunde beneideten seine unendliche Energie. Aber hinter dieser Fassade von Vitalität und Dynamik kämpfte Mike in einem stürmischen Meer aus Stress.

Sein ständiger Begleiter, Stress, hatte ihn fest im Griff. Vom frühen Weckalarm, der den Start des täglichen Hamsterrads ankündigte, bis zur letzten E-Mail, die er vor dem Schlafengehen verschickte, war Stress allgegenwärtig. Wie das laute Ticken einer Uhr in einem stillen Raum wurde es immer lauter, bis es alles war, was er hören konnte. Er fühlte eine ständige, nagende Erschöpfung, eine unerklärliche Reizbarkeit und ein unerschütterliches Gefühl der Überwältigung. Er spürte, wie seine Freude schwand und seine Beziehungen belastet wurden.

Nach einem Vorfall mit schweren Brustschmerzen an einem Abend wurde ihm die Realität seiner Situation klar. Die klaren und entschlossenen Ratschläge seines Arztes lauteten: "Mike, es ist Stress. Du musst ihn bewältigen, bevor er dich bewältigt." Mike wusste, dass er Veränderungen vornehmen musste, aber wo sollte er anfangen? Es fühlte sich an, als stünde er am Fuße eines Berges und wüsste nicht, wie er den Aufstieg bewältigen sollte.

Auf Empfehlung seines Arztes beschloss Mike, professionelle Hilfe zu suchen. Er nahm Kontakt zu einer Stressmanagement-Beraterin auf, die für ihren ganzheitlichen und individuellen Ansatz bekannt war. Als sie zusammenarbeiteten, begann Mike den Wert einer externen Anleitung zu erkennen. Er war immer selbständig gewesen und stolz darauf, aber seine Perspektive begann sich zu ändern. Er erkannte, dass Hilfe suchen keine Schwäche, sondern eine kluge Strategie zur Bewältigung seiner Situation war.

Während die Wochen vergingen, lernte Mike, seine Stressauslöser zu erkennen und Bewältigungsstrategien zu entwickeln. Er entdeckte die Vorteile von Achtsamkeit, regelmäßiger körperlicher Bewegung und - wie wir es bei Lucy gesehen haben - einer gesünderen Ernährung. Aber noch wichtiger war, dass er die Bedeutung von Ruhe, Entspannung und qualitativ hochwertiger Zeit mit seinen Lieben erkannte.

Seine Stressmanagement-Beraterin fungierte als Leuchtturm und half ihm zu erkennen, dass Stressbewältigung nicht bedeutet, ihn völlig aus seinem Leben zu entfernen, sondern vielmehr zu lernen, den Sturm auszusitzen. Gemeinsam entwickelten sie einen individuellen Plan, der Mike dabei half, den Weg zurück zu ruhigem Gewässer zu finden.

Die Veränderung geschah nicht über Nacht. Mike hatte Momente des Zweifels und des Widerstands, aber er hielt durch und wurde von der unterstützenden Anwesenheit seines professionellen Begleiters gestärkt. Langsam verbesserte sich sein Schlaf, seine Stimmung stabilisierte sich und seine Energie kehrte zurück. Er fühlte, dass er endlich sein Leben aus den Klauen des chronischen Stresses zurückgewann.

Mikes Reise zur professionellen Unterstützung lehrte ihn, dass das Ausharren während des Sturms des Stresses keine Reise ist, die man alleine antreten muss. Es ist in Ordnung, Hilfe zu suchen und sich auf andere zu stützen. Es erinnert uns daran, dass während Selbsthilfe wichtig ist, die Unterstützung von Fachleuten eine Lebensader sein kann, wenn die Wellen des Stresses drohen, uns unter Wasser zu ziehen.

11.2 Wann man professionelle Hilfe suchen sollte

Stress ist ein natürlicher Teil unseres Lebens. Er fordert uns dazu auf, uns anzupassen, Herausforderungen zu bewältigen und zu wachsen. Wenn Stress jedoch chronisch und überwältigend wird, kann er verheerende Auswirkungen auf unsere Gesundheit, unser Glück und unsere Lebensqualität haben. Wie wir es in Mikes Geschichte gesehen haben, ist das Erkennen des Problems und das Suchen professioneller Hilfe oft der Wendepunkt, um die Kontrolle über den Stress zurückzugewinnen.

Die Frage lautet also: Wann sollte man professionelle Hilfe bei der Stressbewältigung suchen?

Zunächst einmal müssen wir verstehen, dass es in Ordnung ist, Hilfe zu suchen. Es gibt ein verbreitetes Vorurteil, dass das Suchen von Hilfe ein Zeichen von Schwäche oder Versagen ist. Es ist jedoch wichtig, dieses Stigma zu hinterfragen. Hilfe zu suchen, wenn es nötig ist, ist ein Zeichen von Stärke und Selbstbewusstsein. Es zeigt den Mut, anzuerkennen, dass ein Problem besteht, und die Bereitschaft, es anzugehen.

Wie also weiß man, wann es Zeit ist, sich an einen Profi zu wenden? Hier sind einige Anzeichen, die darauf hindeuten könnten, dass du professionelle Unterstützung benötigst:

1. **Anhaltendes oder übermäßiges Grübeln**: Jeder sorgt sich von Zeit zu Zeit, aber wenn du feststellst, dass deine Sorgen ununterbrochen sind, viel von deiner Denkzeit einnehmen und sich auf deine täglichen Aktivitäten auswirken, ist es Zeit, Hilfe zu suchen.

2. **Körperliche Symptome**: Chronischer Stress kann sich in verschiedenen körperlichen Symptomen äußern, wie Kopfschmerzen, Brustschmerzen, Magenproblemen und Schlafstörungen. Wenn diese Symptome trotz deiner besten Bemühungen, sie zu bewältigen, anhalten, könnte professionelle Hilfe nötig sein.

3. **Veränderungen in der Stimmung oder im Verhalten**: Wenn du feststellst, dass du reizbarer, ungeduldiger oder anfälliger für Stimmungsschwankungen bist, könnten dies Anzeichen von chronischem Stress sein. Du könntest auch Veränderungen in deinem

Verhalten bemerken, wie übermäßiges Essen, zu wenig Essen oder den Rückgriff auf Alkohol oder Drogen zur Bewältigung.

4. Schwierigkeiten in Beziehungen: Chronischer Stress kann deine Beziehungen belasten. Wenn du feststellst, dass dein Stress sich negativ auf deine Interaktionen mit Familie, Freunden oder Kollegen auswirkt, könnte professionelle Hilfe hilfreich sein.

5. Verringerte Leistung oder Zufriedenheit bei der Arbeit: Stress kann sich auf deine Fähigkeit zur Konzentration, zur Entscheidungsfindung und zur effizienten Erledigung von Aufgaben auswirken. Wenn du feststellst, dass deine Arbeitsleistung oder Zufriedenheit aufgrund von Stress abnimmt, könnte es an der Zeit sein, Hilfe zu suchen.

6. Gefühl von Überforderung oder Ausgebranntsein: Wenn du dich oft überfordert fühlst, ständig müde oder ausgebrannt bist, sind das starke Anzeichen dafür, dass deine Stresspegel höher sein könnten, als du allein bewältigen kannst.

Mikes Weg zur professionellen Unterstützung begann, als er seine Symptome anerkannte und die Initiative ergriff, um Hilfe zu suchen. Mit der richtigen Anleitung konnte er die stürmischen Gewässer des chronischen Stresses navigieren und effektive Strategien zur Stressbewältigung erlernen. Wenn du dich in Mikes Situation vor der Hilfe wiederfindest, zögere nicht, Unterstützung zu suchen. Denke daran, dass die Anerkennung, dass du Unterstützung benötigst, der erste Schritt auf dem Weg zu einer besseren Stressbewältigung ist.

11.3 Die Navigation im Gesundheitssystem für die psychische Gesundheit

Hilfe bei der Stressbewältigung oder anderen psychischen Belastungen zu suchen, ist ein bedeutender Schritt nach vorne. Doch der Zugang zum Gesundheitssystem für die psychische Gesundheit kann entmutigend, verwirrend und oft überwältigend sein. Wie Mike herausgefunden hat, ist die Navigation im Gesundheitssystem nicht immer einfach, aber das Verständnis, wie es funktioniert, kann den Weg erheblich erleichtern.

Die Anerkennung des Bedarfs an Hilfe: Wie wir aus Mikes Geschichte und unseren vorherigen Diskussionen gelernt haben, ist die Anerkennung, dass du Unterstützung benötigst, der erste Schritt. Sobald du diese Entscheidung getroffen hast, ist es an der Zeit, die verschiedenen psychischen Gesundheitsdienste zu erkunden, die dir zur Verfügung stehen.

Die richtige Fachkraft identifizieren: Das Feld der psychischen Gesundheit ist weitreichend und vielfältig, mit zahlreichen Arten von Fachleuten, darunter Psychologen, Psychiater, Berater und Sozialarbeiter. Die Art des Fachmanns, den du benötigst, hängt von der Schwere deines Stresses ab, ob du andere psychische Erkrankungen hast und deinen persönlichen Vorlieben. Recherchiere die Expertise jeder Berufsgruppe, um herauszufinden, welche für deine spezifische Situation am meisten von Nutzen wäre.

Zugang zu den Dienstleistungen: Je nach deinem Standort benötigst du möglicherweise eine Überweisung von deinem Hausarzt, um einen Fachmann für psychische Gesundheit aufzusuchen. Diese Anforderung kann variieren, daher ist es wichtig, deine Krankenversicherungspolice oder das Gesundheitssystem deines Landes zu verstehen.

Versicherungsschutz verstehen: Finanzielle Überlegungen sind ein bedauerlicher, aber notwendiger Teil des Zugangs zur Gesundheitsversorgung. Mache dich mit dem Versicherungsschutz für psychische Gesundheit vertraut. Informiere dich über Zuzahlungen, Selbstbehalte und welche Anbieter "im Netzwerk" sind.

Vorbereitung auf den ersten Termin: Vor deinem ersten Termin notiere dir eine Liste deiner Symptome, Anliegen und etwaiger Fragen, die du haben könntest. Eine klare Gliederung kann das anfängliche Gespräch mit deinem Gesundheitsdienstleister effizienter und produktiver gestalten.

Aufbau einer therapeutischen Beziehung: Eine starke therapeutische Allianz ist entscheidend für eine wirksame Behandlung. Es kann einige Sitzungen dauern, bis du dich bei deinem Therapeuten wohl fühlst, und das ist in Ordnung. Offene Kommunikation über deine Gefühle bezüglich des Therapieprozesses kann diese Bindung stärken.

Für sich selbst einstehen: Die Navigation im Gesundheitssystem für die psychische Gesundheit erfordert das Einstehen für deine Bedürfnisse. Wenn du das Gefühl hast, dass deine Anliegen nicht berücksichtigt werden oder dass deine Behandlung nicht funktioniert, äußere deine Bedenken. Denke daran, dass du ein Recht darauf hast, aktiv an deinem Behandlungsplan teilzunehmen.

Kontinuität der Versorgung: Die Versorgung der psychischen Gesundheit ist kein einmaliges Ereignis, sondern ein fortlaufender Prozess. Regelmäßige Termine, das Befolgen von Behandlungsplänen und offene Kommunikation mit deinem Gesundheitsdienstleister sind entscheidend für eine effektive Bewältigung von Stress auf lange Sicht.

Durch das Verständnis, wie man das Gesundheitssystem für die psychische Gesundheit navigiert, ermächtigst du dich, dich um deine mentale Gesundheit zu kümmern, ähnlich wie Mike es getan hat. Es ist jedoch wichtig zu bedenken, dass du in diesem Prozess nicht allein bist. Im nächsten Kapitel, "Gemeinsam den Sturm meistern - Aufbau eines Unterstützungsnetzwerks", werden wir erforschen, wie ein starkes Unterstützungsnetzwerk ein mächtiger Verbündeter im Kampf gegen chronischen Stress sein kann.

12.1 Susans Stärke aus ihrem Unterstützungsnetzwerk

Susan, eine hochrangige Anwältin, fand sich oft von den stürmischen Wellen des Lebens hin und her geworfen. Die endlosen Gerichtsfälle, ihr fordernder Chef und die ständige Notwendigkeit, auf dem neuesten Stand zu bleiben, brachten sie an den Rand von chronischem Stress. Der Sturm tobte, und Susan fühlte, wie sie unter die Oberfläche gezogen wurde.

Susan war eine Frau aus Stahl. Unabhängig und selbstbewusst, sie war bekannt dafür, Herausforderungen direkt anzugehen. Aber dieser Sturm war anders. Es war keine Schlacht im Gerichtssaal, die sie mit ihrem scharfen Verstand oder ihren überzeugenden Argumentationsfähigkeiten gewinnen konnte. Es war ein unsichtbarer Feind, der sie zu ertränken drohte. Susan fühlte sich zum ersten Mal in ihrem Leben wirklich machtlos.

Als ihr Bruder George sah, wie sie kämpfte, griff er ein. Er brachte behutsam das Thema professionelle Hilfe ins Gespräch, etwas, worüber sie zuvor nie nachgedacht hatte. Georges Eingreifen wirkte wie ein Leuchtfeuer in der stürmischen See und führte sie zur Erkenntnis, dass sie den Sturm nicht allein bewältigen musste.

Auf Empfehlung ihres Bruders traf Susan einen Psychologen. Es war eine völlig neue Erfahrung für sie. Während die Sitzungen fortschritten, begann Susan langsam zu verstehen, wie bedeutend es war, ein unterstützendes Netzwerk zu haben, und noch wichtiger, dass Hilfe suchen keine Schwäche, sondern eine Stärke war. Sie erkannte, dass sie mehr als nur professionelle Hilfe brauchte; sie brauchte ihre Freunde, ihre Familie - ihren Stamm.

Sie wandte sich an ihre engen Freunde, knüpfte den Kontakt zu ihren Eltern wieder und begann Zeit in den Aufbau dieser Beziehungen zu investieren. Sie spürte eine bedeutende Veränderung in ihrer Denkweise. Sie verstand, dass jeder Mensch in ihrem Netzwerk wie ein Anker war, an den sie sich klammern konnte, wenn die Gewässer rau wurden. Sie waren ihr Sicherheitsnetz, bereit, sie aufzufangen, wenn sie stolperte. Der Sturm tobte immer noch, aber nun kämpfte sie nicht mehr allein dagegen an.

Susan begann auch an einer örtlichen Selbsthilfegruppe teilzunehmen, wo sie Menschen traf, die ebenfalls lernten, ihre Stürme zu bewältigen. Anfänglich war es beängstigend, ihre Ängste und Verletzlichkeiten mit Fremden zu teilen, aber sie erkannte bald, wie befreiend es war. Diese Gruppe wurde ein wesentlicher Teil ihres Netzwerks und bot ihr einzigartige Einblicke und Verständnis, die nur jene bieten konnten, die ähnliche Stürme durchstanden hatten.

Mit Hilfe ihres neu gewonnenen Netzwerks überlebte Susan nicht nur den Sturm, sondern lernte auch, im Regen zu tanzen. Die Wellen, die sie zuvor zu ertränken drohten, schienen jetzt weniger bedrohlich. Sie begann, die Schönheit inmitten des Chaos zu bemerken - den Regenbogen, der nach dem Regenschauer erschien.

Susans Weg war nicht einfach. Es gab Rückschläge und Zeiten der Verzweiflung. Aber jedes Mal, wenn sie fiel, war ihr Unterstützungsnetzwerk da, um sie wieder aufzurichten. Sie verliehen ihr eine Stärke, die sie nie gekannt hatte - die Stärke von Einheit, Empathie und kollektiver Widerstandsfähigkeit. Durch ihren Sturm lernte Susan, dass Stress unvermeidlich ist, aber Leiden eine Option ist. Wie wir im nächsten Kapitel, "Die Ruhe umarmen - Die Reise geht weiter," erfahren werden, ist Susans Geschichte nur der Anfang. Der wahre Sieg liegt darin, wie wir wählen, unsere Stürme zu navigieren.

12.2 Die Bedeutung eines Unterstützungsnetzwerks

Die menschliche Spezies ist von Natur aus sozial. Wir haben uns in Stämmen entwickelt und waren aufeinander angewiesen, um zu überleben. In der modernen Welt hat sich dieses grundlegende Bedürfnis nach Verbindung und Gemeinschaft nicht verändert. Ein starkes Unterstützungsnetzwerk ist wie ein sicherer Hafen, der uns Schutz bietet, mitten in den Stürmen des Lebens. Die Geschichte von Susan, der erfolgreichen Anwältin, ist eine klare Veranschaulichung des Wertes eines solchen Netzwerks.

Ein robustes Unterstützungsnetzwerk bietet viele Vorteile. Zunächst gibt es uns ein Gefühl der Zugehörigkeit, es bietet uns emotionalen Trost und ein Gefühl der Sicherheit. Genau wie Susan Trost bei ihrem Psychologen, ihren Freunden, ihrer Familie und ihrer Selbsthilfegruppe fand, können auch wir in unserem Netzwerk Schutz suchen, wenn es stressig wird. Es ist wichtig zu bedenken, dass diese Beziehungen gepflegt werden müssen und unsere Zeit und Mühe erfordern. Susans aktive Bemühungen, den Kontakt zu ihren Eltern und Freunden wiederherzustellen, waren ein wesentlicher Teil des Aufbaus ihres Unterstützungsnetzwerks.

Zweitens bietet ein Unterstützungsnetzwerk uns eine Vielzahl von Ressourcen, von praktischen Ratschlägen bis hin zu emotionaler Unterstützung. Unser Netzwerk kann unterschiedliche Perspektiven und potenzielle Lösungen für Probleme bieten, die wir möglicherweise übersehen haben. Zum Beispiel führte Susan's Bruder George sie auf die Idee, professionelle Hilfe in Anspruch zu nehmen, woran sie zuvor nicht gedacht hatte.

Drittens fördert es ein Gefühl von Selbstwert. Ermutigung und Bestätigung von unserem Netzwerk können unser Selbstwertgefühl steigern und unseren Glauben an unsere Fähigkeit, Stress zu bewältigen, stärken. Als Susan begann, ihre Erfahrungen in ihrer örtlichen Selbsthilfegruppe zu teilen, halfen ihr das Verständnis und die Empathie, ihre Stärke und Widerstandsfähigkeit zu erkennen.

Schließlich dient ein starkes Unterstützungsnetzwerk als Puffer gegen psychische Probleme. Mehrere Studien zeigen, dass soziale Unterstützung die Auswirkungen von Stress auf die psychische Gesundheit verringern kann und das Risiko von Angst und Depression reduziert. Susan's Beispiel verdeutlicht dies deutlich. Während ihre Belastungen nicht verschwanden, verlieh ihr Unterstützungsnetzwerk ihr die Fähigkeit, durch sie zu navigieren, ohne in Verzweiflung zu verfallen.

Den Aufbau eines starken Unterstützungsnetzwerks betrachten wir als einen dynamischen Prozess, der unsere Initiative erfordert. Wir müssen offen sein, Hilfe zu suchen und sie auch anzubieten, wenn andere sie benötigen. Susans Weg zeigte, dass das Anerkennen unserer Herausforderungen und das Teilen mit anderen eine transformative Erfahrung sein kann.

Auf unserer Reise zur Stressbewältigung sollten wir nicht vergessen, dass wir nicht allein sind. Wir sind Teil einer Gemeinschaft, eines Netzwerks, eines Stammes. Indem wir dies annehmen, können wir Stress von einer individuellen Herausforderung in eine geteilte Erfahrung verwandeln. Ein starkes Unterstützungsnetzwerk ist unsere Rettungsleine im stürmischen Meer des Stresses. Wie Susan können auch wir lernen, nicht nur den Sturm zu überstehen, sondern auch im Regen zu tanzen.

Im nächsten Kapitel "Die Ruhe umarmen - Die Reise geht weiter" werden wir uns weiter in den kontinuierlichen Prozess der Stressbewältigung vertiefen und dabei die bedeutende Rolle unseres Unterstützungsnetzwerks im Blick behalten.

12.3 Dein Unterstützungsnetzwerk aufbauen

Ein starkes Unterstützungsnetzwerk aufzubauen ist keine Aufgabe, die über Nacht erledigt werden kann. Es erfordert Zeit, Geduld und die Bereitschaft, auf andere zuzugehen und Verbindungen herzustellen. Ganz ähnlich wie Susan gelernt hat, sich ihren Familienmitgliedern, Freunden und professioneller Hilfe zu öffnen, müssen wir Beziehungen pflegen, die Verständnis, Empathie und Unterstützung bieten.

Schritt eins besteht darin, die Art der Unterstützung zu erkennen, die du brauchst. Suchst du emotionale Unterstützung, praktische Ratschläge, ein offenes Ohr oder eine Kombination daraus? Dieses Verständnis hilft dabei zu identifizieren, wer In delnem Leben diese spezifische Art der Unterstützung bieten kann.

Freunde und Familie sind die Grundlage für die meisten Menschen in ihrem Unterstützungsnetzwerk. Sie bieten Liebe, Gesellschaft und Hilfe in Krisenzeiten. Genauso wie Susan den Kontakt zu ihren Eltern und Freunden wiederhergestellt hat, bemühe dich bewusst, regelmäßigen Kontakt zu geliebten Menschen zu pflegen und sicherzustellen, dass sie die Herausforderungen verstehen, mit denen du konfrontiert bist.

Neben persönlichen Beziehungen spielt auch professionelle Unterstützung eine entscheidende Rolle. Therapeuten, Psychologen und Berater, wie diejenige, von der sich Susan Hilfe suchte, können wertvolle Perspektiven und Bewältigungsstrategien bieten, die dich besser befähigen, mit Stress umzugehen.

Zusätzlich bieten Unterstützungsgruppen, entweder online oder persönlich, eine einzigartige Form des Trostes. Es ist ein Raum, in dem Menschen, die ähnliche

Schwierigkeiten durchmachen, zusammenkommen, um Erfahrungen und Bewältigungsmethoden auszutauschen. Für Susan war das Teilen ihrer Erfahrungen mit ihrer örtlichen Selbsthilfegruppe ein transformativer Prozess, der ihr bewusst machte, dass sie nicht allein in ihrem Kampf war.

Aber beim Aufbau deines Unterstützungsnetzwerks geht es nicht nur darum, zu erkennen, wer dich unterstützen kann, sondern es ist ebenso wichtig zu lernen, wie du selbst ein guter Unterstützer sein kannst. Hilfe anzubieten, empathisch zuzuhören und konstruktive Ratschläge zu geben, stärkt nicht nur deine Beziehungen, sondern vertieft auch dein Verständnis für wirksame Unterstützung.

Schließlich vergiss nicht, dass du selbst ein wesentlicher Teil deines eigenen Unterstützungsnetzwerks bist. Selbstfürsorge-Praktiken wie regelmäßige Bewegung, ausgewogene Ernährung und Achtsamkeit tragen alle dazu bei, dass du besser mit Stress umgehen kannst.

Den Aufbau eines starken Unterstützungsnetzwerks betrachte als eine Reise, kein Ziel. Das Netzwerk wächst und entwickelt sich mit dir. Es ist ein fortlaufender Prozess, bei dem du neue Verbindungen knüpfst, bestehende pflegst und manchmal Beziehungen loslässt, die dir nicht mehr guttun.

Diese proaktive Schaffung eines Unterstützungsnetzwerks wird das Fundament für unser nächstes Kapitel bilden: "Nach dem Sturm - Stressbewältigung und Widerstandsfähigkeit". Wenn wir uns in die Welt jenseits des Stresses begeben, werden wir untersuchen, wie dieses Netzwerk zusammen mit den anderen Strategien, die wir gelernt haben, uns nicht nur hilft, den Sturm zu überstehen, sondern auch seine Kraft nutzt, um gestärkt hervorzugehen.

Kapitel 13: Nach dem Sturm – Stressbewältigung und Resilienz

13.1 Roberts Weg der Erholung und Widerstandsfähigkeit

Inmitten von Roberts stressigem Sturm schienen die überwältigenden Wellen von Angst und Druck unaufhörlich zu sein. Er war ein ehrgeiziger Geschäftsmann, ein Vater, ein Ehemann, aber die Rollen, die er schätzte, waren zu Quellen seiner Angst geworden. Der Sturm hatte schon eine Weile gewütet, bevor er erkannte, dass er eine Veränderung brauchte.

Robert, ein begeisterter Segler, zog immer Parallelen zwischen dem Segeln und dem Leben. Er wusste, dass genau wie ein Sturm auf See das Können eines Seemannes prüfte, die Herausforderungen des Lebens die Widerstandsfähigkeit eines Menschen auf die Probe stellten. Also, als er endlich Hilfe für seinen Stress suchte, nutzte er diese gleiche Analogie. Sein Berater lächelte bei diesem Vergleich und sagte: "Robert, du hast recht. Genau wie ein erfahrener Segler einen Sturm nutzt, um ein besserer Seemann zu werden, können wir die Belastungen des Lebens nutzen, um stärker zu werden."

Und so begann Roberts Weg der Genesung und Widerstandsfähigkeit. Sein erster Schritt war das Verständnis für seine Stresssignale, die er zuvor ignoriert hatte, ähnlich wie die frühen Anzeichen eines herannahenden Sturms. Er erkannte, dass seine Reizbarkeit, Schlafstörungen und ständige Erschöpfung nicht einfach "Teil des Jobs" waren, sondern die SOS-Signale seines Körpers.

Als Nächstes konzentrierte er sich auf Selbstfürsorge und erkannte, dass ein ausgeruhter und gut genährter Segler besser in der Lage ist, das Schiff durch einen Sturm zu steuern. Er kümmerte sich um seine Ernährung, begann eine einfache Trainingsroutine und machte den Schlaf zu einer Priorität.

Durch die Annahme des Konzepts der Achtsamkeit begann Robert mit der Praxis der Meditation. Er lernte, seine Gedanken im Hier und Jetzt zu verankern und schuf eine mentale Zuflucht inmitten des Chaos. Die Achtsamkeitspraktiken waren wie das Ruder seines Schiffes und gaben ihm Stabilität inmitten der turbulenten Gedanken.

Die bedeutendste Veränderung kam, als Robert seine Perspektive zum Stress änderte, von der Vorstellung "Stress macht mich hilflos" zu "Stress kann mich stärken". Er begann, Stress als Signal für Veränderung zu sehen, als einen Lehrer, der ihm half, die Aspekte seines Lebens zu identifizieren, die Aufmerksamkeit benötigten.

Als Robert diese Veränderungen umsetzte, nahmen seine Stresspegel allmählich ab. Er fühlte sich gesünder, seine Beziehungen verbesserten sich und er begann sogar seine Arbeit wieder zu genießen. Aber was ihn am meisten überraschte, war seine neu entdeckte Widerstandsfähigkeit. Er bemerkte, dass er nicht nur die stressigen Situationen überlebte, sondern von ihnen lernte und daran wuchs.

Im Rückblick auf seinen Weg erkannte Robert, dass er ein geschickterer "Segler" geworden war, der in der Lage war, sich durch die stürmischen Wetter des Lebens zu navigieren. Stress, einst sein Feind, war zu seinem Führer geworden, der ihn zu einem ausgeglicheneren und erfüllteren Leben führte.

Robert's Weg der Genesung und Widerstandsfähigkeit verdeutlicht, dass Stress zwar eine universelle Erfahrung ist, aber wie wir darauf reagieren, den Unterschied machen kann. Es geht darum, die Signale zu erkennen, angemessene Maßnahmen zu ergreifen und vor allem aus der Erfahrung zu lernen und zu wachsen. All dies werden wir im folgenden Kapitel "Nach dem Sturm – Stressbewältigung und Widerstandsfähigkeit" erkunden.

13.2 Die Bedeutung der Erholung nach stressigen Phasen

Die Stürme des Stresses in unserem Leben, ähnlich wie die wörtlichen Stürme, denen Robert auf See begegnete, können intensiv und entkräftend sein. Ob es sich um ein anstrengendes Projekt bei der Arbeit, einen persönlichen Konflikt oder eine globale Pandemie handelt - diese Zeiten erhöhten Stresses können uns mental, emotional und körperlich erschöpft zurücklassen. Gerade in diesen Momenten, in der Zeit nach dem Stresssturm, wird die Erholung entscheidend.

Robert's Weg illustriert eindrucksvoll die Bedeutung der Erholung nach stressigen Phasen. Nachdem er seine Stresssymptome erkannt hatte, begann er eine Reise zur Wiederherstellung seines Wohlbefindens und zur Wiedererlangung von Gleichgewicht in seinem Leben. Seine Erholungsreise umfasste mehrere Selbstfürsorge-Praktiken, darunter die Verbesserung seiner Ernährung, die Einführung einer regelmäßigen Trainingsroutine und die Praxis von Achtsamkeitsmeditation, die seine Widerstandsfähigkeit förderten.

Erholung bedeutet nicht nur, in den Zustand vor dem Stress zurückzukehren; es ist eine Gelegenheit für Wachstum und Lernen, ein Konzept, das zentral für die Idee der Resilienz ist. Es ist eine Zeit, um aufzutanken, sich zu erholen und die Abnutzung zu reparieren, die der Stress verursacht haben könnte. Es bietet auch einzigartige Einblicke in unsere persönlichen Stresserzählungen. Durch Reflexion über unsere Erfahrungen können wir die Stressquellen identifizieren, unsere typischen Reaktionen erkennen und die Wirksamkeit unserer Bewältigungsstrategien bewerten. Diese Selbstwahrnehmung ist entscheidend, um zukünftige Stressoren effektiver zu bewältigen und unsere Stressresilienz aufzubauen, wie in Robert's Weg gezeigt.

Allerdings ist Erholung kein Einheitsprozess. Es ist eine höchst individuelle Reise, beeinflusst von persönlichen Umständen, Widerstandsfähigkeit und Bewältigungsstrategien. Für manche bedeutet Erholung eine vollständige Unterbrechung der Routine und ausreichend Ruhe. Für andere kann es bedeuten, sich in regenerierenden Aktivitäten zu engagieren, wie Sport, einem Hobby nachgehen oder Zeit in der Natur verbringen. Der Schlüssel liegt darin, auf seinen Körper und Geist zu hören, seine Bedürfnisse zu verstehen und fürsorglich darauf zu reagieren.

Zusammenfassend ist die Erholung ein wesentlicher Bestandteil des Stressmanagements. Es ist eine Zeit der Heilung, des Lernens und des Wachsens. Indem wir die Erholung priorisieren, schützen wir nicht nur unser Wohlbefinden, sondern bauen auch unsere Widerstandsfähigkeit auf. Dies befähigt uns, zukünftige Stressoren mit mehr Geschick und Selbstvertrauen zu bewältigen - ganz ähnlich wie Robert, der aus seinem Sturm des Stresses als eine stärkere, widerstandsfähigere Person hervorging.

Im nächsten Abschnitt werden wir das Konzept der Resilienz vertiefen und ihre Rolle im Stressmanagement und in der Erholung untersuchen. Ausgehend von Robert's Erfahrungen und evidenzbasierten Forschungsergebnissen werden wir Strategien zur Förderung der Resilienz untersuchen, die es uns ermöglichen, die Stressoren des Lebens effektiver zu bewältigen.

13.3 Den Aufbau von Stressresilienz stärken

Während wir durch das Leben reisen, sind Stressoren, ähnlich wie die turbulenten Wellen des Meeres, unvermeidlich. Doch Resilienz, die Fähigkeit, sich von Stress und Widrigkeiten zu erholen, kann als unser Rettungsboot dienen und uns dabei helfen, diese herausfordernden Gewässer mit Anmut und Standhaftigkeit zu bewältigen. Robert's Weg bietet wertvolle Einblicke in die Rolle der Resilienz im Umgang mit Stress und der Förderung des Wohlbefindens.

Die Entwicklung von Resilienz gegenüber Stress ist vergleichbar mit dem Stärken eines Muskels. Es erfordert konstante Anstrengung, Hingabe und Geduld. Es geht nicht darum, Stress zu vermeiden oder so zu tun, als ob er nicht existiert. Vielmehr geht es darum, uns mit Werkzeugen und Strategien auszustatten, die es uns ermöglichen, den Herausforderungen des Lebens direkt zu begegnen und uns effektiv zu erholen. Dadurch verbessern wir unsere Fähigkeit, zukünftige Stressoren zu bewältigen.

Zunächst ist die Kultivierung einer positiven Denkweise ein Grundpfeiler der Resilienz. Dies beinhaltet das Üben von Optimismus, das Finden von Humor in schwierigen Situationen und das Betrachten von Veränderungen als Chance zum Wachstum. Robert beispielsweise übernahm eine positive Sichtweise auf seine Herausforderungen und betrachtete sie als Lebenslektionen anstatt als Hindernisse.

Die Selbstfürsorge, wie in vorherigen Kapiteln gezeigt, ist ein weiterer entscheidender Bestandteil der Resilienz. Regelmäßige körperliche Aktivität, eine ausgewogene Ernährung, ausreichender Schlaf und die Praxis von Achtsamkeit können unsere körperliche und emotionale Gesundheit verbessern und damit unsere Fähigkeit verbessern, mit Stress umzugehen. Robert's Einbindung dieser Praktiken in seinen Alltag spielte eine bedeutende Rolle in seiner Stressbewältigung und Resilienz.

Des Weiteren beinhaltet Resilienz die Entwicklung effektiver Bewältigungsstrategien. Dazu gehören Problemlösungsfähigkeiten, die Suche nach sozialer Unterstützung und die Anwendung von Entspannungstechniken zur Bewältigung von Stressreaktionen. Es ist wichtig, herauszufinden, was persönlich für einen funktioniert, da effektive Bewältigungsstrategien bei verschiedenen Menschen stark variieren können.

Resilienz beinhaltet auch die Förderung emotionaler Intelligenz. Dies beinhaltet das Verstehen und den Umgang mit unseren Emotionen, das Praktizieren von Empathie und das Aufrechterhalten gesunder Beziehungen. Emotionale Intelligenz kann uns helfen, auf Stress in einer ausgeglicheneren und kontrollierten Weise zu reagieren und damit seine negative Auswirkung zu verringern.

Schließlich erfordert der Aufbau von Resilienz auch einen Sinn für Zweckmäßigkeit. Ob es sich um eine persönliche Leidenschaft, ein berufliches Ziel oder eine gesellschaftliche Angelegenheit handelt, ein klarer Sinn für Zweck kann uns dazu motivieren, Herausforderungen zu meistern und uns eine umfassendere Perspektive auf Stressoren bieten. Robert's Zweck, ein ausgewogenes und erfülltes Leben zu führen, befeuerte seine Resilienz und leitete seine Erholungsreise.

Der Aufbau von Resilienz ist ein lebenslanger Prozess, der die Pflege unserer körperlichen und geistigen Gesundheit, die Entwicklung effektiver Bewältigungsstrategien, die Förderung emotionaler Intelligenz und das Halten eines Zwecks beinhaltet. Obwohl der Prozess zunächst einschüchternd erscheinen mag, ist es eine Reise, die es wert ist, unternommen zu werden. Wie Robert's Geschichte zeigt, hilft uns Resilienz nicht nur, mit Stress umzugehen, sondern ermöglicht uns auch, zu wachsen, zu gedeihen und erfüllte Leben trotz den Herausforderungen des Lebens zu führen.

Im kommenden Kapitel "Ein neuer Tag bricht an - Ein stressfreies Leben führen" werden wir untersuchen, wie wir diese Resilienzstrategien in unseren Alltag integrieren können, um langfristiges Stressmanagement und Wohlbefinden zu fördern. Dabei werden wir uns mit der Kunst beschäftigen, auch vor dem Hintergrund unvermeidlicher Lebensstressoren ein stressfreies Leben zu führen.

Kapitel 14: Ein neuer Morgen – Ein stressfreies Leben aufrechterhalten

14.1 Claras Neues Leben nach der Stressbewältigung

Clara war schon immer ehrgeizig und angetrieben von ihrer unendlichen Ambition und der Freude, Herausforderungen direkt anzunehmen. Sie arbeitete in einer renommierten Anwaltskanzlei und jonglierte mit langen Arbeitsstunden, anspruchsvollen Kunden und ihren Familienverpflichtungen, immer mit einem tapferen Lächeln. Stress war ein akzeptierter Teil ihres Lebens, bis ihr Körper eines Tages nicht mehr mitspielte.

Gezwungen zu einer ungeplanten Auszeit, hatte Clara eine Offenbarung. Als sich ihre Gesundheit erholte, wurde ihr klar, dass sie nicht zur "alten Clara" zurückkehren konnte. Sie wollte nicht nur überleben, sondern blühen. Und so betrat Clara mit neuer Entschlossenheit eine neue Morgendämmerung und begab sich auf eine Reise, ein stressfreies Leben zu führen, das nicht frei von Herausforderungen ist, aber reich an Resilienz.

Mit Weisheit aus ihren Erfahrungen und den unschätzbaren Lektionen aus Roberts Geschichte erkannte Clara, dass die Grundlage des Stressmanagements in der Resilienz liegt. Sie konzentrierte sich darauf, eine positive Denkweise aufrechtzuerhalten, indem sie jede Herausforderung als Chance betrachtete, zu lernen und zu wachsen, anstatt als Hindernis.

Um den körperlichen Auswirkungen von Stress entgegenzuwirken, priorisierte sie ihre Gesundheit. Yoga ersetzte nächtliche Arbeitssitzungen, grüner Tee ersetzte endlose Tassen Kaffee, und Fast Food wurde zugunsten von nahrhaften, selbstgekochten Mahlzeiten beiseitegeschoben. Clara bemerkte eine Verbesserung ihres Schlafs und ihre Energiepegel stiegen an, was sie besser befähigte, den täglichen Druck zu bewältigen.

Als lebenslange Problemlöserin stärkte Clara ihre Bewältigungsmechanismen. Sie lernte, Aufgaben zu delegieren, realistische Ziele zu setzen und "Nein" zu sagen, wenn ihr Teller voll war. Eine Achtsamkeitsmeditations-App fand auf ihrem Handy ihren Platz und half ihr, in besonders stressigen Momenten Ruhe zu finden.

Die Bedeutung emotionaler Intelligenz im Umgang mit Stress erkennend, arbeitete Clara daran, Empathie aufzubauen und ihre Emotionen zu verstehen. Sie entwickelte die Gewohnheit des Tagebuchführens, um ihre Gefühle zu erkunden, eine Praxis, die Klarheit und Perspektive auf ihre Herausforderungen brachte.

Darüber hinaus fand Clara ihr "Warum". Freiwilligenarbeit bei einer örtlichen Wohltätigkeitsorganisation bereitete ihr immense Freude und Zufriedenheit und gab ihr einen Sinn, der über ihre beruflichen Ziele hinausging. Dies verschaffte ihr eine breitere Perspektive und stärkte ihre Resilienz in Zeiten von Stress.

Clara umarmte auch die Kraft sozialer Verbindungen. Sie verbrachte qualitativ hochwertige Zeit mit ihrer Familie, belebte alte Freundschaften wieder und knüpfte neue. Diese starken

Beziehungen wurden ihr unterstützendes Netzwerk und boten Trost und Unterstützung, wenn Stressoren groß erschienen.

Claras Geschichte dient als ermutigende Erinnerung daran, dass Stressbewältigung nicht bedeutet, Herausforderungen aus unserem Leben zu eliminieren. Stattdessen geht es darum, Resilienz aufzubauen, gesunde Gewohnheiten zu entwickeln, emotionale Intelligenz zu fördern und unsere Unterstützungsnetzwerke zu schätzen. Es geht darum zu verstehen, dass Stress ein unvermeidlicher Teil des Lebens ist, aber mit den richtigen Werkzeugen und der richtigen Denkweise können wir seine Wellen mit Anmut, Stärke und Freude am Leben meistern.

Claras neuer Tag brach hell an, erfüllt von Gelächter, Liebe und gelegentlichem Stress. Doch ausgestattet mit ihrer neu gewonnenen Resilienz und Stressbewältigungstechniken bewältigte sie diese Stressoren nicht nur – sie verwandelte sie in Stufen auf ihrem Weg zu einem erfüllten, ausgeglichenen und lebendigen Leben. Und das, liebe Leserinnen und Leser, ist die Macht und das Versprechen eines Lebens, in dem nicht der Stress Sie kontrolliert, sondern Sie den Stress.

14.2 Gewohnheiten für ein stressfreies Leben

Ein Leben zu führen, in dem Sie den Stress kontrollieren und nicht umgekehrt, ist keine leichte Aufgabe. Es erfordert eine bewusste Entscheidung, neue Gewohnheiten anzunehmen und alte, die uns nicht gut dienen, loszulassen. Claras Reise zeichnet ein lebhaftes Bild davon, wie man Stressoren in Schritte verwandeln kann, die zu einem lebendigen, erfüllten Leben führen.

Claras Verwandlung begann mit Resilienz. Wie wir in Roberts Geschichte und in diesem Buch gesehen haben, ist Resilienz die Fähigkeit eines Einzelnen, sich von Stress und Widrigkeiten zu erholen. Die Entwicklung von Resilienz ist eine Reise, die Übung, Geduld und Selbstbewusstsein erfordert. Um Resilienz zu fördern, konzentrierte sich Clara darauf, eine positive Einstellung aufrechtzuerhalten, Herausforderungen als Chancen für Wachstum zu betrachten, anstatt sie als Hindernisse zu sehen. Dadurch bewältigte sie nicht nur Stress, sondern nutzte ihn auch, um ihre persönliche Entwicklung anzukurbeln.

Als nächstes wusste Clara, dass die körperliche Gesundheit das Fundament für das Stressmanagement ist. Ein gut genährter, ausgeruhter und aktiver Körper ist besser in der Lage, mit Stress umzugehen. Die Einführung von Yoga, der Ersatz von Kaffee durch grünen Tee und die Entscheidung für nahrhafte, selbstgekochte Mahlzeiten anstelle von Fast Food veränderten Claras körperliche Gesundheit und verschafften ihr die Energie, die sie brauchte, um den täglichen Druck zu bewältigen. Der Aufbau dieser Gewohnheiten mag Zeit und Anstrengung erfordern, aber die Belohnungen, wie man an Claras Erfahrung sehen kann, sind signifikant.

Als nächstes setzte Clara auf emotionale Intelligenz. Das Verständnis ihrer Emotionen ermöglichte es Clara, auf Stressoren mit Empathie und Selbstbewusstsein zu reagieren und so ihre Auswirkungen zu reduzieren. Das Führen eines Tagebuchs diente diesem Zweck als wirksames Werkzeug und bot ihr Klarheit und Perspektive über ihre Gefühle und Gedanken.

Ein wichtiger Aspekt von Claras Reise war die Identifizierung eines Zwecks, der über ihre beruflichen Ziele hinausging. Ihren fand sie in ehrenamtlicher Arbeit, die ihr immense Freude und Zufriedenheit brachte. Ein Sinn im Leben kann eine breitere Perspektive bieten und die Resilienz in stressigen Situationen stärken. Das Finden dieses "Warum" kann eine persönliche Reise sein, aber die Belohnung besteht in einem besseren Verständnis von sich selbst und der Welt um uns herum.

Schließlich erkannte Clara die Bedeutung sozialer Verbindungen für das Stressmanagement. Niemand ist eine Insel, und die richtigen Beziehungen können eine Quelle des Trostes und der Hilfe in schwierigen Zeiten sein. Clara investierte Zeit in ihre Beziehungen, stärkte ihr Unterstützungsnetzwerk und fand Freude in Verbindungen mit anderen.

Ein stressfreies Leben zu führen, wie man an Claras Geschichte sieht, bedeutet nicht, Stressoren völlig zu eliminieren. Es geht vielmehr darum, Gewohnheiten zu entwickeln, die Sie befähigen, Stress mit Anmut, Stärke und Freude am Leben zu bewältigen. Resilienz aufbauen, körperliche Gesundheit fördern, emotionale Intelligenz entwickeln, einen Sinn im Leben finden und in Beziehungen investieren - das sind die Gewohnheiten für ein Leben ohne Stress.

Es ist wichtig zu beachten, dass die Reise jedes Einzelnen zu einem stressfreien Leben einzigartig sein wird. Manche finden Trost in der Kunst, andere in der Natur und wieder andere in tiefen Gesprächen mit geliebten Menschen. Der Schlüssel ist, zu erkunden, zu experimentieren und zu entdecken, was für Sie funktioniert, genau wie es Clara getan hat.

Im nächsten Kapitel werden wir tiefer in die Idee der Erholung nach stressigen Phasen und das Konzept der Resilienz eintauchen, die beide entscheidend für ein effektives Stressmanagement und ein stressfreies Leben sind. Wie Claras Reise uns zeigt, ist die Morgendämmerung nach dem Sturm hell und verspricht ein Leben im Gleichgewicht und voller Vitalität.

14.3 Regelmäßige Selbstreflexion

Inmitten des Trubels unseres täglichen Lebens ist es allzu leicht, sich im Strudel von Aufgaben, Verantwortlichkeiten und Erfahrungen zu verlieren und den Blick auf unseren eigenen inneren Zustand zu verlieren. Claras Reise hat die Notwendigkeit gezeigt, Zeit für Selbstreflexion zu schaffen. Während wir uns dem abschließenden Kapitel über die Erstellung Ihres persönlichen Stressbewältigungsplans nähern, werden wir die Bedeutung regelmäßiger Selbstreflexion betrachten.

Selbstreflexion bedeutet Momente der Pause in Ihrem Alltag, die speziell dazu dienen, Ihr emotionales und physisches Wohlbefinden zu bewerten. Sie sind vergleichbar mit Boxenstopps in einem Rennen, bei dem die Leistung des Fahrzeugs bewertet und notwendige Anpassungen vorgenommen werden. Ohne diese Boxenstopps laufen wir Gefahr, Überhitzung oder Funktionsstörungen zu riskieren.

Wie Clara herausgefunden hat, ermöglichen uns regelmäßige Selbstreflexionen, Stressoren zu identifizieren, bevor sie überwältigend werden. Sie bieten uns wertvolle Einblicke in unsere emotionale Landschaft und helfen uns zu erkennen, wenn wir uns unserer Stressgrenze nähern. Eine frühzeitige Erkennung gibt uns die Möglichkeit, unsere Stressbewältigungstechniken rechtzeitig einzusetzen und die Auswirkungen von Stress zu mildern.

Darüber hinaus können uns Selbstreflexionen helfen, Muster und Auslöser in unserem Leben zu erkennen. Indem wir kontinuierlich unseren emotionalen Zustand und die Umstände in Momenten des Stresses festhalten, können wir gemeinsame Fäden erkennen. Vielleicht rufen bestimmte Umgebungen, Menschen oder Arten von Arbeit regelmäßig Stress hervor. Die Erkennung dieser Auslöser gibt uns die Möglichkeit, Stress vorausschauend zu bewältigen, sei es durch Vermeidung dieser Auslöser, wenn möglich, oder durch eine effektive Vorbereitung, um sie zu bewältigen.

Denken Sie daran, Selbstreflexionen dienen nicht ausschließlich der Stresserkennung. Sie sind auch eine Gelegenheit, positive Gefühle und Erlebnisse anzuerkennen, Erfolge zu feiern und Dankbarkeit auszudrücken. Eine positive Selbstgesprächsführung und die Anerkennung unserer Erfolge sind wesentliche Elemente der Resilienz, wie in Roberts Geschichte und in diesem Buch betont wird.

Wie führt man nun eine Selbstreflexion durch? Dieser Prozess ist sehr persönlich und sollte an Ihre Bedürfnisse angepasst werden. Der Kern einer Selbstreflexion ist jedoch eine Pause und eine bewusste Reflexion. Sie könnten sich einige Momente Zeit nehmen, um zu meditieren, Ihre Gedanken und Gefühle in einem Tagebuch festzuhalten oder einfach nur in Ruhe bei einer Tasse Tee zu sitzen. Der Schlüssel ist, sich von äußeren Einflüssen zu lösen und mit sich selbst zu verbinden.

Schließlich ist Kontinuität entscheidend. Die Festlegung einer bestimmten Zeit für Ihre Selbstreflexion kann hilfreich sein, zum Beispiel morgens, um Absichten für den Tag zu setzen, oder abends, um zu reflektieren und zu entspannen. Manche finden es hilfreich, mehrmals am Tag kürzere Selbstreflexionen durchzuführen. Wie immer ist der beste Ansatz derjenige, der für Sie funktioniert.

Regelmäßige Selbstreflexion spielt eine wichtige Rolle im Stressmanagement. Sie versorgen uns mit wertvollen Erkenntnissen, ermöglichen eine frühe Stresserkennung und erlauben uns, unsere Erfolge zu feiern. Während wir uns im nächsten Kapitel darauf konzentrieren, unsere Stressbewältigungspläne zu erstellen, werden wir sehen, wie diese regelmäßigen Momente der Selbstreflexion zu einem integralen Bestandteil Ihres persönlichen Stresskompasses werden können, der Sie zu einem ausgeglichenen und erfüllten Leben führt.

Kapitel 15: Dein persönlicher Kompass - Deinen Stressbewältigungsplan erstellen

15.1 Peters Schaffung seines Stressbewältigungsplans

Peter war ein IT-Berater in einer belebten Stadt und leitete Projekte für verschiedene Kunden und hielt Schritt mit den schnellen technologischen Fortschritten. Sein Kalender war eine Mosaik aus Meetings, Fristen und noch mehr Meetings, ein Spiegelbild des rastlosen Tempos seines Lebens. Doch an einem Freitagnachmittag, als er wieder einmal einer Frist hinterherhetzte, musste Peter nach Luft ringen. Die anspruchsvolle und stressige Umgebung, in der er sich bewegte, war zu seiner Normalität geworden, und er hatte nie innegehalten, um zu bedenken, welche Auswirkungen das auf ihn hatte, bis sein Körper ihn zwang, es zu erkennen.

Peter wachte auf, als er eine ausgewachsene Panikattacke erlebte. Nachdem er wieder zu Atem gekommen war, wurde ihm klar, dass er etwas ändern musste. Dies leitete Peters Reise in das Reich des Stressmanagements ein und führte ihn zur Idee, einen persönlichen Stressbewältigungsplan zu erstellen. Das Konzept sprach Peters strukturierten und analytischen Geist an: Ein Plan zum Stressmanagement, maßgeschneidert für ihn wie sein Lieblingsanzug.

Peter begann seinen Plan, indem er regelmäßige Selbstreflexionen in seine Routine integrierte, wie er es aus Claras Geschichte gelernt hatte. Er reservierte jeden Morgen zehn Minuten für eine Achtsamkeitsübung, während der er seinen körperlichen und emotionalen Zustand bewertete. Seine Erkenntnisse hielt er in einem Tagebuch fest und beobachtete im Laufe der Zeit, wie bestimmte Aktivitäten oder Interaktionen seine Stresspegel beeinflussten.

Nachdem er seine Auslöser erkannte, konzentrierte sich Peter darauf, eine robuste Sammlung von Stressbewältigungstechniken zu entwickeln. Aus Davids Geschichte zog er Inspiration für Achtsamkeitsübungen und Atemtechniken. Er erkannte die Kraft von körperlicher Aktivität durch Annas Erzählung und begann regelmäßige Joggingrunden in seine Routine aufzunehmen.

Die Ernährung spielte ebenfalls eine wichtige Rolle. Lucys Verwandlung durch Ernährung inspirierte Peter, seine Mahlzeiten zu überholen und schnelle, verarbeitete Lebensmittel durch nahrhafte, selbstgemachte Optionen zu ersetzen. Jacks Geschichte lehrte ihn die Bedeutung der Selbstfürsorge und er begann, wöchentliche "Me-Time" einzuplanen, in der er Aktivitäten genoss, wie Lesen und Malen.

Der Aufbau eines Unterstützungsnetzwerks war ein wichtiger Schritt in Peters Stressbewältigungsreise, inspiriert von Susans Geschichte. Er öffnete sich seinen Freunden und seiner Familie über seine Herausforderungen und fand ihre Unterstützung unschätzbar.

Wenn es schwierig wurde, wusste er, dass er Menschen hatte, auf die er sich verlassen konnte.

Schließlich erkannte Peter, dass professionelle Hilfe in Anspruch zu nehmen, so wie Mike es tat, kein Zeichen von Schwäche, sondern ein kraftvoller Schritt zur Erkenntnis und Bewältigung seines Stresses war. Er begann an Therapiesitzungen teilzunehmen und stärkte damit seinen Stressbewältigungsplan weiter.

Im Laufe der Zeit veränderte Peters Plan sein Leben. Es war keine schnelle Lösung, und es war keine lineare Reise. Es gab Rückschläge und Tage, an denen der Stress ihn zu überwältigen drohte, aber sein Plan diente als Kompass, der ihn zurück zu ruhigeren Gewässern führte.

Die Gestaltung seines Stressbewältigungsplans war ein entscheidender Punkt in Peters Leben. Es wurde sein Leitfaden für das Navigieren in dem komplexen, sich ständig wandelnden Spiel des Stresses. Die Stärke des Plans lag nicht in seiner Perfektion, sondern in seiner Flexibilität und Personalisierung. Und vor allem in seiner Fähigkeit, Peter zu einem gesünderen und glücklicheren Leben zu führen, in dem Stress eine Herausforderung ist, die bewältigt werden kann, und kein Monster, vor dem man sich fürchten muss.

15.2 Identifizierung deiner Stressauslöser

Die Erstellung eines erfolgreichen Stressbewältigungsplans beginnt damit, zu verstehen, was bei dir Stress auslöst. Diese Auslöser, oder "Stressauslöser", können jede Situation, Person oder jedes Ereignis sein, das eine negative Reaktion bei dir hervorruft. Wie wir in Peters Geschichte gesehen haben, war das Erkennen dieser Auslöser ein entscheidender Schritt in seiner Reise, um Stress effektiv zu bewältigen.

Das Identifizieren von Stressauslösern kann mit Detektivarbeit verglichen werden. Es erfordert ein gutes Beobachtungsvermögen, Selbstreflexion und die Bereitschaft, unangenehme Wahrheiten anzuerkennen. Der erste Schritt besteht darin, deine Reaktionen und Gefühle in verschiedenen Situationen im Laufe des Tages zu beobachten. Wann spürst du, dass dein Herzschlag schneller wird? Wann nimmt deine Stimmung eine negative Wendung? Wann verspürst du Müdigkeit, Reizbarkeit oder Angst? Indem du diese Reaktionen und die dazugehörigen Situationen festhältst, beginnst du damit, deine Stresslandschaft zu kartieren.

Das Führen eines Tagebuchs kann hierbei ein machtvolles Werkzeug sein. Wie Peter es tat, kann das Führen eines Stress-Tagebuchs dir helfen, deine emotionalen Schwankungen zu verfolgen und über einen längeren Zeitraum Muster zu erkennen. Indem du deine Gefühle, die Situationen, in denen sie auftraten, und deine Reaktionen dokumentierst, kannst du beginnen, deine einzigartigen Stressauslöser zu identifizieren.

Deine Auslöser können vielfältig sein. Sie könnten arbeitsbezogene Faktoren wie Fristen oder der Umgang mit schwierigen Kollegen sein. Sie könnten persönlicher oder zwischenmenschlicher Natur sein, wie Familienstreitigkeiten, finanzielle Probleme oder Gesundheitsprobleme. Soziale Situationen oder das Sprechen in der Öffentlichkeit könnten Auslöser sein, genauso wie bedeutende Lebensveränderungen wie Umzug oder Beginn eines neuen Jobs. Jeder Satz von Stressauslösern ist einzigartig und wird geprägt von individuellen Erfahrungen, Wahrnehmungen und Persönlichkeiten.

Es ist wichtig zu bedenken, dass Stressauslöser nicht per se gut oder schlecht sind. Sie sind einfach Aspekte des Lebens, die aus irgendeinem Grund eine Stressreaktion in deinem Körper hervorrufen. Indem du sie identifizierst, kannst du besser verstehen, warum du so reagierst, wie du es tust, und beginnen, Strategien zu entwickeln, um diese Reaktionen entgegenzuwirken oder zu mildern.

Die Identifizierung von Stressauslösern beinhaltet auch das Verständnis deiner physiologischen und psychologischen Reaktionen auf Stress. Wie wir in früheren Kapiteln gelernt haben, löst Stress die "Kampf- oder Flucht" -Reaktion in deinem Körper aus und verursacht körperliche Symptome wie schnelles Herzklopfen, schnelle Atmung oder Schwitzen. Wenn du auf diese körperlichen Hinweise achtest, kannst du erkennen, wann du einem Stressauslöser begegnest.

Nachdem du deine Stressauslöser identifiziert hast, bist du besser in der Lage, stressige Situationen vorherzusehen und zu bewältigen. Dieses Bewusstsein ermöglicht es dir, Strategien vorzubereiten, um mit den Auslösern umzugehen oder ihre Auswirkungen zu reduzieren. Für Peter war dies der erste wichtige Schritt zur Erstellung seines wirksamen Stressbewältigungsplans.

Es ist jedoch wichtig zu erkennen, dass die Identifizierung deiner Stressauslöser nicht bedeutet, dass du allen Stress aus deinem Leben eliminieren kannst. Stress ist ein Teil des Lebens, und einige Stressoren können außerhalb deiner Kontrolle liegen. Doch indem du weißt, was deinen Stress auslöst, bist du auf dem besten Weg, zu lernen, wie du darauf reagierst, was ein wesentlicher Bestandteil des Stressmanagements ist.

Während wir zum nächsten Kapitel übergehen, "Dein Persönlicher Kompass - Gestalte deinen Stressbewältigungsplan", werden wir erforschen, wie du dieses neu gewonnene Wissen nutzen kannst, um einen maßgeschneiderten Ansatz zur Bewältigung von Stress zu entwickeln.

15.3 Erstellen und Umsetzen deines persönlichen Stressbewältigungsplans

Der Aufbau deines Stressbewältigungsplans ist das Ergebnis all dessen, was du über Stress, seine Auslöser und verschiedene Bewältigungsstrategien gelernt hast. Wie wir bei Peter gesehen haben, kann ein solcher Plan einen großen Unterschied machen, wenn es darum geht, die Stürme des Lebens zu meistern.

Dein Stressbewältigungsplan ist ein einzigartiger Entwurf, der beschreibt, wie du Stress proaktiv in deinem täglichen Leben bewältigen wirst. Es ist eine Straßenkarte, die die

Richtung und Schritte für eine effektive Stressbewältigung festlegt und speziell auf deine individuellen Stressauslöser und bevorzugten Bewältigungsmechanismen zugeschnitten ist.

Das Erstellen deines Plans umfasst drei Hauptschritte: Identifizierung deiner Stressauslöser, Auswahl deiner Bewältigungsstrategien und Festlegen eines Aktionsplans für jeden Stressauslöser.

1. Identifizierung deiner Stressauslöser: Dies war das Thema des letzten Abschnitts, also solltest du ein klares Verständnis für die Ereignisse, Situationen oder Menschen haben, die in deinem Leben Stress auslösen. Indem du diese in deinem Plan auflistest, wirst du in der Lage sein, sie in der Zukunft zu erkennen und dich darauf vorzubereiten.

2. Auswahl deiner Bewältigungsstrategien: Hier wählst du die Techniken aus, die du anwenden wirst, um Stress zu bekämpfen, wenn er auftritt. Diese Strategien können aus den verschiedenen Techniken stammen, die wir in diesem Buch besprochen haben, ob es sich dabei um Achtsamkeitsübungen, Übungsprogramme, Atemtechniken oder andere handelt. Die Hauptsache ist, Strategien auszuwählen, die du als wirksam empfindest und mit denen du dich wohlfühlst.

3. Festlegen eines Aktionsplans: Dies beinhaltet das Zuordnen jedes deiner Stressauslöser zu einer entsprechenden Bewältigungsstrategie. Zum Beispiel, wenn einer deiner Stressauslöser eine hohe Arbeitsbelastung ist, könnte deine entsprechende Bewältigungsstrategie sein, regelmäßige Pausen einzulegen, um Achtsamkeitsübungen oder Sport zu betreiben.

Das Erstellen des Plans ist jedoch nur der erste Schritt. Die eigentliche Herausforderung liegt in der Umsetzung. Es ist wichtig zu bedenken, dass das Erstellen eines Plans nicht bedeutet, dass du keine Hindernisse mehr haben wirst. Manche Strategien funktionieren möglicherweise nicht so gut wie erhofft, und es können unerwartete Stressauslöser auftreten, die du nicht berücksichtigt hast.

Das ist völlig in Ordnung. Dein Stressbewältigungsplan ist kein festes Dokument, sondern ein dynamisches. Er sollte sich mit dir entwickeln und verändern. Hab keine Angst davor, deinen Plan nach Bedarf zu überarbeiten und anzupassen, und experimentiere mit verschiedenen Strategien, um herauszufinden, was am besten für dich funktioniert.

Die Umsetzung deines Plans erfordert auch den Aufbau neuer Gewohnheiten, was Zeit und Konsequenz braucht. Sei geduldig mit dir selbst und denke daran, dass es Teil des Prozesses ist. Wie das Sprichwort sagt, "Rom wurde nicht an einem Tag erbaut", und das gleiche gilt für einen soliden, effektiven Stressbewältigungsplan.

Ein gut durchdachter Stressbewältigungsplan ist wie eine personalisierte Landkarte, die dich auf dem Weg zu einem ausgewogenen und weniger stressigen Leben führt. Es ist ein wichtiges Werkzeug, das dir hilft, die rauen Gewässer des Stresses zu navigieren. Aber denke daran, dass die Reise hier nicht endet. In unserem letzten Kapitel, "Schlussfolgerung -

Die Ruhe nach dem Sturm", werden wir uns ansehen, wie du dein stressfreies Leben auf lange Sicht aufrechterhalten kannst, indem du die Strategien und Techniken nutzt, die du auf dem Weg gelernt hast. Lass uns mit der Reise weitermachen.

Kapitel 16: Fazit – Die Ruhe nach dem Sturm

16.1 Emmas lebensverändernde Reise zur Stressbewältigung

Emmas Reise durch den Sturm des Stresses war wie ein Schiff, das turbulente Gewässer durchquert. Die Wellen waren hoch und unerbittlich, ohne Land in Sicht. Aber inspiriert von der Widerstandsfähigkeit und Weisheit aus den Geschichten in diesem Buch nutzte sie ihre innere Stärke und begann eine transformative Reise zu einem ruhigeren, stressfreien Leben.

Einst eine hochrangige Führungskraft in einem geschäftigen Tech-Startup, war Emma immer enormem Druck ausgesetzt. Sie akzeptierte Stress als gegeben, als unvermeidlichen Teil ihrer Karriere. Dann, eines Tages, nach einer besonders nervenaufreibenden Präsentation, spürte sie eine Welle der Erschöpfung wie nie zuvor. Sie wusste, dass sich etwas ändern musste.

In Erinnerung an Jakes Geschichte im ersten Kapitel erkannte Emma, dass arbeitsbedingter Stress ihr Hauptauslöser war. Sie erinnerte sich an Jakes Reise, sein Leben neu zu priorisieren und in Balance zu bringen, und beschloss dasselbe zu tun. Emma begann mehr zu delegieren, ließ den Perfektionismus los und verließ das Büro sogar zu einer vernünftigen Zeit.

Doch die Arbeit war nicht ihre einzige Stressquelle. Ähnlich wie Sarah hatte Emma Stress in ihrer Beziehung zu Hause. Inspiriert von Sarahs Geschichte begann sie, mit ihrem Partner offener und ehrlicher über ihren Stress und ihre Ängste zu sprechen. Dies verbesserte ihre Beziehung erheblich, und sie fand Trost in ihrem gemeinsamen Verständnis.

Auf Anraten von David begann Emma auch mit Achtsamkeitsübungen, um ihren Stress zu bewältigen. Sie begann mit nur fünf Minuten am Tag und erhöhte die Zeit allmählich, als sie sich wohler fühlte. Die Achtsamkeitsübungen gaben ihr ein Gefühl des Friedens, das sie seit Jahren nicht mehr erlebt hatte.

Emma erkannte auch den Wert von körperlicher Aktivität zur Stressbewältigung, genau wie Anna auf ihrer Reise. Sie kramte ihre alten Laufschuhe hervor und lief los. Das Laufen wurde für Emma eine therapeutische Flucht und bot ihr dringend benötigte Erholung von ihren Sorgen.

Ähnlich wie Jack erkannte Emma, dass sie sich auf Selbstfürsorge konzentrieren musste, um ihren Stress effektiv zu bewältigen. Sie schuf eine Routine, die ausreichenden Schlaf, regelmäßige Bewegung und Hobbys beinhaltete, die sie liebte, aber vernachlässigt hatte, wie Malen und Wandern. Sie überarbeitete auch ihre Ernährung, inspiriert von Lucys Veränderung durch Ernährung, und konzentrierte sich auf gesunde, stressabbauende Lebensmittel, die ihr guttaten.

Wenn der Stresssturm zu überwältigend wurde, suchte Emma Hilfe bei einem Fachmann für psychische Gesundheit, genau wie Mike auf seiner Reise. Sie fand Trost und Unterstützung in der Therapie, lernte mehr über ihre Stressreaktionen und Bewältigungsmechanismen.

Der letzte Teil von Emmas Reise bestand darin, aus Roberts Geschichte von Genesung und Widerstandsfähigkeit zu lernen und ihren Stressbewältigungsplan zu erstellen, genau wie Peter. Sie verstand, wie wichtig es war, ihre Stressauslöser zu identifizieren und Bewältigungsstrategien zur Hand zu haben.

Heute steht Emma am Steuer ihres Schiffs, nicht als Opfer des Sturms, sondern als erfahrene Seefahrerin. Sie steht immer noch vor Stürmen, aber jetzt navigiert sie sie mit einer erfahrenen Hand und ausgestattet mit den Werkzeugen, die sie auf ihrer Reise gesammelt hat. Ihr Stress ist keine monströse Welle mehr, die sie kentern könnte, sondern eine Herausforderung, der sie gewachsen ist.

Emmas Reise ist ein Beweis für die transformative Kraft des Verstehens und der Bewältigung von Stress. Es ist ein Beweis dafür, dass die Ruhe nach dem Sturm ein Ort unglaublichen Friedens und Stärke sein kann. Emma segelt jetzt auf ruhigen Gewässern, nachdem sie den Sturm gemeistert und gelernt hat, im Regen zu tanzen. Sie setzt ihre Reise mit erneuerter Energie, einem lebendigen Geist und dem Wissen fort, dass sie mit allem, was das Leben ihr entgegenwirft, umgehen kann.

In ihrer Geschichte sehen wir den vollen Kreis der Reise, die wir in diesem Buch begonnen haben, von der Erkenntnis von Stress, seinen Quellen und Symptomen, über Techniken zur Stressbewältigung bis hin zur Erstellung eines persönlichen Plans. Wir sehen, dass es durchaus möglich ist, den Sturm des Stresses zu durchqueren und auf der anderen Seite stärker, weiser und ruhiger hervorzugehen. Emmas Geschichte ist ein Leuchtturm der Hoffnung für all jene, die gerade ihren eigenen Sturm durchqueren.

16.2 Reflektion über die gelernten Lektionen

Mit dem Ende dieser Reise ist es an der Zeit, über die wertvollen Lektionen nachzudenken, die wir aus Emmas Geschichte und all den anderen mutigen Menschen gelernt haben, die ihre Erfahrungen mit Stress und Resilienz geteilt haben.

Emmas Geschichte verkörpert das Wesentliche dieses Buches: Stress zu verstehen, seine Auswirkungen zu erkennen und proaktive Schritte zu unternehmen, um ihn effektiv zu bewältigen. Ihre Verwandlung von einer gestressten Führungskraft zu einer selbstbewussten Kapitänin ihres Schiffs zeigt die Kraft der Resilienz und das Potenzial für Wachstum, wenn wir mit den Stürmen des Lebens konfrontiert werden.

1. Stressauslöser erkennen: Genau wie Emma Arbeit und Beziehungsstress als ihre Hauptauslöser erkannt hat, müssen wir uns unserer eigenen Stressauslöser bewusstwerden. Ob sie mit der Arbeit, Beziehungen, Gesundheit oder anderen Lebensbereichen zusammenhängen, das Erkennen dieser Auslöser ist der erste Schritt, um die Kontrolle über unseren Stress zu erlangen.

2. Selbstfürsorge annehmen: Emmas Reise unterstreicht die Bedeutung von Selbstfürsorge. Sich Zeit zu nehmen, um uns körperlich, emotional und geistig zu pflegen, ist kein Luxus, sondern eine Notwendigkeit. Selbstfürsorgepraktiken in unsere täglichen Routinen einzubauen, kann uns helfen, Resilienz aufzubauen und Stress besser zu bewältigen.

3. Unterstützung annehmen: Wie Emma kann die Unterstützung von geliebten Menschen oder Fachleuten einen großen Unterschied in unserer Stressbewältigungsreise machen. Es ist in Ordnung, sich auf andere zu stützen, wenn wir stürmische Gewässer durchqueren. Um Hilfe zu bitten, ist ein Zeichen von Stärke, nicht von Schwäche.

4. Achtsamkeit und Mind-Body-Verbindung: Emmas Achtsamkeitsübung hat sie gelehrt, im Moment präsent zu bleiben, um Ängste über die Zukunft und Bedauern über die Vergangenheit zu reduzieren. Lernen, auf unseren Körper und Geist zu achten, kann uns wertvolle Einblicke in unser Stresslevel und unser emotionales Wohlbefinden geben.

5. Körperliche Aktivität und Ernährung: Emmas Integration von körperlicher Aktivität und einer gesünderen Ernährung in ihre Routine betont die Verbindung zwischen körperlicher Gesundheit und Stressbewältigung. Bewegung kann ein wirksames Stressmittel sein, und unseren Körper mit den richtigen Lebensmitteln zu versorgen, kann unser Wohlbefinden unterstützen.

6. Stressbewältigungsplan: So wie Emma ihren Stressbewältigungsplan erstellt hat, müssen auch wir unsere eigene maßgeschneiderte Roadmap erstellen, um Stress effektiv zu bewältigen. Das Identifizieren unserer Stressauslöser und das Abstimmen auf bewältigende Strategien kann uns befähigen, Stress auf gesündere Weise zu bewältigen.

7. Resilienz und Wachstum: Emmas Reise hat uns gezeigt, dass Resilienz nicht nur bedeutet, zurückzuprallen; es geht darum, durch Widrigkeiten stärker zu werden. Es ist in Ordnung, zu stolpern und Rückschläge zu erleben, solange wir aus ihnen lernen und diese Erfahrungen nutzen, um Resilienz aufzubauen.

8. Veränderungen annehmen: Emmas Transformation erforderte von ihr, Veränderungen sowohl in ihrem persönlichen als auch beruflichen Leben anzunehmen. Offen für Veränderungen zu sein und sich den Herausforderungen anzupassen, kann mächtige Werkzeuge sein, um Stress zu bewältigen.

9. Selbstreflexion: Emmas Achtsamkeitsübungen und Selbstcheck-ins betonen die Bedeutung der Selbstreflexion. Sich Zeit zu nehmen, um unseren emotionalen und mentalen Zustand zu bewerten, kann uns helfen, Muster zu erkennen, Anpassungen vorzunehmen und unsere Stressbewältigungsstrategien zu optimieren.

In Emmas Reise sehen wir die kumulative Wirkung all dieser Lektionen, die zusammenkommen, um ein Leben in größerer Balance und Zufriedenheit zu schaffen. Ihre Geschichte dient als Inspiration für all jene, die sich Stürmen des Stresses gegenübersehen, und zeigt uns, dass selbst die stürmischsten Gewässer mit Mut und Entschlossenheit bewältigt werden können.

Mit dem Abschluss dieses Buches wollen wir einen Moment innehalten und die Resilienz in uns allen würdigen. Das Leben wird uns weiterhin Herausforderungen stellen, aber wir haben jetzt die Werkzeuge und Erkenntnisse, um ihnen mutig zu begegnen. Lass Emmas Geschichte und alle anderen Erzählungen in diesem Buch ein Leitlicht auf deiner Reise zu einem ruhigeren, glücklicheren und stressfreien Leben sein. Denke daran, du bist der Kapitän deines Schiffs, und du hast die Kraft, die Meere des Stresses mit Anmut und Stärke

16.3 Eine Zukunft mit weniger Stress annehmen

Mit diesem Buch verabschieden wir uns und stehen an der Schwelle eines neuen Kapitels in unserem Leben, ausgestattet mit Wissen und Werkzeugen, um eine Zukunft mit weniger Stress zu umarmen. Die Reise, die wir unternommen haben, war transformative, und nun haben wir die Kraft, unseren Kurs zu einer ruhigeren und ausgewogeneren Existenz zu bestimmen.

1. Loslassen des Perfektionsmythos: Ein erster Schritt, um eine Zukunft mit weniger Stress zu gestalten, ist das Loslassen des Perfektionsmythos. Akzeptiere, dass das Leben seine Höhen und Tiefen haben wird und dass es in Ordnung ist, Momente der Verletzlichkeit zu erleben. Akzeptiere Unvollkommenheit und finde Schönheit in der Reise, auch inmitten der Herausforderungen.

2. Selbstfürsorge priorisieren: Gehe den Weg vorwärts und verpflichte dich dazu, Selbstfürsorge in deinen täglichen Ablauf zu integrieren. Genauso wie Emma Trost in Achtsamkeit und körperlicher Aktivität fand, schaffe Zeit für Aktivitäten, die deinen Geist, Körper und Seele nähren. Erinnere dich daran, dass Selbstfürsorge keine Selbstsucht ist; sie ist die Grundlage für ein gesünderes, widerstandsfähigeres Leben.

3. Unterstützung suchen: Wenn du voranschreitest, denke daran, dass die Suche nach Unterstützung kein Zeichen von Schwäche ist, sondern ein Zeugnis deiner Stärke und Bereitschaft zu wachsen. Umgebe dich mit einem Netzwerk von verständnisvollen und fürsorglichen Menschen, die dir in herausfordernden Zeiten Rat und Ermutigung bieten können.

4. Resilienz aufbauen: Nimm Resilienz als lebenslange Reise des Wachstums und der Selbstentdeckung an. Lerne aus den Erfahrungen von Menschen wie Robert und Emma, die ihre Widrigkeiten in Chancen für Wachstum verwandelt haben. Wenn Stürme aufziehen, erinnere dich daran, dass du die Stärke besitzt, sie zu bewältigen.

5. Achtsamkeit für Stressauslöser: Halte deine Stressauslöser im Auge, denn Bewusstsein ist der erste Schritt, um mit ihnen umzugehen. Erkenne, wenn Stress in dein Leben eindringt, und begegne ihm proaktiv. Das kann durch Atemübungen, Tagebuchschreiben oder professionelle Beratung geschehen.

6. Regelmäßige körperliche Aktivität: Entwickle die Gewohnheit, regelmäßige körperliche Aktivität zu betreiben, wie Anna es mit dem Laufen tat. Ob durch Laufen, Yoga, Tanzen oder jede andere Form der Bewegung - körperliche Aktivität kann ein wirksames Mittel sein, um Stress abzubauen und das allgemeine Wohlbefinden zu fördern.

7. Körperpflege: Umarme eine ausgewogene und nahrhafte Ernährung und erkenne die tiefgreifende Auswirkung, die sie auf deine Stimmung und Energie haben kann. Gib deinem Körper Nahrungsmittel, die dein Wohlbefinden unterstützen, und sei dir bewusst, wie verschiedene Lebensmittel sich auf deine emotionale Verfassung auswirken.

8. Einen Stressbewältigungsplan erstellen: Erinnere dich an die Bedeutung eines individuellen Stressbewältigungsplans, der auf deine spezifischen Bedürfnisse zugeschnitten ist. Verfeinere und passe diesen Plan kontinuierlich an, während du dich durch die Wendungen des Lebens bewegst. Vertraue auf deinen Plan und deine Fähigkeit, Stress mit Resilienz und Anmut zu bewältigen.

9. Dankbarkeit üben: Kultiviere Dankbarkeit für die Reise, die du unternommen hast, und für die Lektionen, die du gelernt hast. Finde Freude in den kleinen Momenten und schätze die Schönheit, die dich umgibt. Ein dankbares Herz kann dich selbst durch die schwierigsten Zeiten tragen.

Während wir voranschreiten, wisse, dass die Reise zu einer Zukunft mit weniger Stress kein Ziel ist, sondern eine kontinuierliche Suche. Es wird Tage geben, an denen das Segeln glatt verläuft, und Tage, an denen die See stürmisch ist. Nimm jeden

Moment als Gelegenheit für Wachstum, Lernen und Selbstentdeckung an.

Halte die Geschichten derer, die ihre Stürme bewältigt haben, in deinem Herzen und schöpfe Inspiration aus ihrer Resilienz und Verwandlung. Erinnere dich daran, dass Stress ein Teil des Lebens ist, aber er muss nicht dein Leben bestimmen. Mit den Werkzeugen, Erkenntnissen und Weisheiten, die du auf dieser Reise gesammelt hast, hast du die Kraft, eine Zukunft mit weniger Stress und größerer Erfüllung zu gestalten.

Während die letzten Seiten dieses Buches sich schließen, wollen wir mit Hoffnung und Begeisterung dieses neue Kapitel beginnen. Mögest du Gelassenheit inmitten der Herausforderungen des Lebens finden und Freude in der Verfolgung eines ausgewogenen, stressfreien Lebens. Die Zukunft liegt in deiner Hand und die Möglichkeiten sind grenzenlos. Empfange sie mit offenen Armen und einem Herzen voller Mut. Auf eine Zukunft, die von Ruhe nach dem Sturm erfüllt ist.

Liebe Leserin, lieber Leser,

von Herzen danken ich Ihnen für Ihre Entscheidung, sich auf diese Reise durch "Stürme bewältigen: Proaktive Strategien für Stressabbau" einzulassen. Ihre Bereitschaft, dieses Buch zu erkunden und in Ihr persönliches Wachstum und Wohlbefinden zu investieren, verdient höchste Anerkennung.

Als Autor ist es mir eine große Freude, die Geschichten, Einsichten und Strategien in diesen Seiten mit Ihnen zu teilen. Ich hoffe, dass die Erzählungen von John, Maria, Tom, Emily und vielen anderen Sie berührt haben und Ihnen Trost und Verständnis vermittelt haben.

Ich weiß, dass der Umgang mit Stress eine Herausforderung sein kann, und ich bin Ihnen außerordentlich dankbar, dass Sie bereit sind, sich gemeinsam mit mir mit diesem Thema auseinanderzusetzen. Ihre Hingabe zum Lernen und Wachsen zeugt von Ihrem Engagement, ein erfülltes und ausgewogenes Leben zu führen.

Während Sie durch die Kapitel gereist sind, hoffe ich, dass Sie praktische Werkzeuge und wertvolle Erkenntnisse gefunden haben, um Resilienz aufzubauen und Stress proaktiv zu bewältigen. Mein Ziel war es, Ihnen die Kraft zu verleihen, Herausforderungen des Lebens mutig und gelassen anzunehmen, im Wissen, dass Sie die Stärke in sich tragen, jeden Sturm zu überwinden.

Vergessen Sie niemals, dass Sie auf dieser Reise nicht allein sind. Die Geschichten und Erfahrungen, die in diesem Buch geteilt wurden, sind ein Zeugnis der gemeinsamen menschlichen Erfahrung von Stress und Resilienz. Sie sind Teil einer größeren Gemeinschaft, und wir fühlen uns geehrt, Teil Ihres Unterstützungsnetzwerks zu sein.

Während Sie durchs Leben navigieren, ermutigen wir Sie, die in diesen Seiten gelernten Lektionen immer wieder in Erinnerung zu rufen. Ob es darum geht, einen Stressbewältigungsplan zu erstellen, Achtsamkeit zu üben oder Selbstfürsorge zu priorisieren - wir hoffen, dass Sie in diesen Strategien Trost und Anleitung finden werden.

In Zeiten der Unsicherheit und des Widerstands, denken Sie daran, dass die Ruhe nach dem Sturm in Ihrer Reichweite liegt. Sie haben die Kraft, Weisheit und das Wissen, um Lebensherausforderungen mit neuer Resilienz zu meistern.

Nochmals vielen Dank, dass Sie "Stürme bewältigen" gewählt haben. Ich hoffe, dass dieses Buch für Sie eine Quelle der Inspiration und Ermutigung war. Mögen Sie weiterhin jeden Tag mit Mut und Mitgefühl angehen und immer Frieden inmitten der Stürme des Lebens finden.

Mit herzlicher Dankbarkeit,

David Harold